Rolf  Friedrich  Schuett

# Nur Unmündige machen noch den Mund auf

*Hirnforscher haben nur noch Gehirn im Kopf*

Rolf Friedrich Schuett

# Nur Unmündige machen noch den Mund auf

**Hirnforscher haben nur noch Gehirn im Kopf**

Bibliographische Information Der Deutschen Bibliothek:
Die Deutsche Bibliothek verzeichnet diese Publikation
in der Deutschen Nationalbibliographie; detaillierte
bibliographische Daten sind im Internet abrufbar über
http://dnb.ddb.de



Herstellung und Verlag :
BoD – Books on Demand, Norderstedt

Printed in Germany

ISBN 978-3-7557-2448-3

# INHALT


7 Zwei halbe Double-Drabble:
Blätter vom Baum der Erkenntnis
Wunschland ohne Alice

9 AHOI! Volle Fahrt voraus, Land in Sicht

11 Musik im Blut und Bohnen in den Ohren

24 Vom Pionier Larochefoucauld zu dir und mir

30 Treuer Glaube an Untreue und Unglaube

34 Meisterkurs Philosophie *in 10 Minuten*

42 Verstreute Konzentrate,
gesammelte Zerstreutheiten

88 Ressentimentgeladen neidische
Multi-Kulturlose?

94 Die soziale Frage überlebte
alle sozialistischen Antworten

98 Evangelium kompakt

102 Jugendgedichte von *Fritz H. Lotterfuchs*

110 Einige polnische Aphoristiker neben *St. Lec*

115 Anhang

Von und für Elke
in Liebe und Dankbarkeit

## Zwei halbe Double-Drabble


## Blätter vom Baum der Erkenntnis


Fast jeder Mensch will nach dem Tod ins *„Buch des Lebens"*, um nicht wie niemals gewesen zu sein. Auch jenes Buch hat viele Blätter, und jedes Blatt hat seine zwei Seiten. Seine Blätter vergilben nicht im Herb'st des Lebens und wenn der Mensch stirbt, von dem sie handeln. Ein Buch muss nicht mehr Seiten haben als die Sache, über die es spricht. Als Erfinder der Schrift gilt der ägyptische Mondgott *Thot*, der eines Tages aus dem „Buch der Weisheit" einige Blätter versehentlich auf die Erde fallen ließ. Kann jeder Mensch sein Kapitel im himmlischen „Buch des Lebens" selber einschreiben?

## Wunderland ohne Alice

Die Erde ist Wirtschaftswunderland im Weltraum, der ein Weltwunderraum ist. Jeder Mensch trägt eine Erbwunde in sich, die sich wie durch ein Wunder schließen kann. Selbst Wunderland durchbricht nur bekannte Naturgesetze und gehorcht noch unbekannten Naturgesetzen. Es ist verwunderlich, wie wenig Wunderbares uns noch zum Staunen bringt und wieviel nur wunderlicher *Wundertand* heutzutage Wunders wie angestaunt und bewundert wird. Wunder sind jene Selbstverständlichkeiten, welche die Wunder der Natur "aufheben". Das größte Wunder liegt vielleicht darin, dass keine geschehen müss(t)en : Kein Wunder, dass sie dauernd passieren! Die Welt *ließ* sich nur religiös und *lässt* sich nur mathematisch erfassen – das gleiche Wunder?

## AHOI ! Volle Fahrt voraus, Kurs Paradies und Land in Sicht!

Die christliche Seefahrt, *Sail 2022* :
Windjammerparade in Sand gesetzt?

Auch das Kirchenschiff ist in den modernen Sintflut(ung)en untergegangen, von politischen Freibeutern geentert oder auf Riff gelaufen in den Maschinenstürmen und Shitstorms der Zeit. Die Glocken läuten noch unter Weihwasser wie in *Vineta* oder *Atlantis*. Aber wenn die Wasser der menschgemachten Sündfluten eines Tages wieder langsam sinken, taucht das auf Petri Felsen gestrandete Kirchenschiff der Menschenfischer als erstes wieder auf, mit himmelhohen Kirchturmmasten, verdreckt und arg zersaust, geborsten, mit zerfetzten Segeln und voll riesiger Lecks. Je häufiger dieses sturmerprobte Kriegsschiff in den Sturmfluten des Zeitgeistes versenkt wird, desto prächtiger taucht es voller Kampfgeist daraus wieder auf (generalüberholter als das fetischistische Segelschulschiff "Gorch Fock" der hiesigen Bundesmarine), unter der Flagge der *Pistis Sophia*, unter dem alten Sternbild der Fische. Es kämpft mit dem „Weißen Wal" und anderen teuflischen Ungeheuern der Untiefe. In seinen sozialen

Netzen fängt der "Seelenkäufer" schiffbrüchige Menschen, aber nur auf. Der Heilige Geist ist ein Wind, der weht, wo er will, und treibt das sternnavigierte Kreuzfahrtschiff immer weiter, ohne dass Mannschaften rudern müssen und ein Steuermann am Ruder ist. Sobald es seine Grundsätze einmal über Bord wirft, sinkt es auf den Grund des Meeres, doch wenn es zugrunde geht, geht es nur zum Grunde, der kein Abgrund ist. Seit zweitausend Jahren durchpflügt es wie der Fliegende Holländer die Tränenmeere der Erde und ist zugleich ein Raumschiff, das seine abenteuerlustigen und auswanderungswilligen Besatzungen beizeiten in einen Himmel trägt, der keine Schwarzen Löcher kennt, in denen sie auf Nimmerwiedersehen verschwinden.

Eine *Arche Noah*, die mit Mann und Kirchmaus sinkt statt schwimmt?


Man muss etwas haben, um es zu hassen,
und etwas verlieren (können), um es zu lieben.

Über Musik lässt sich leider oder zum Glück nur schwer sprechen, ohne Unsinn oder Überflüssiges zu reden. Dieser Essay geht nicht gegen Musik, sondern nur gegen das, wozu sie heute wurde, herhalten muss und gemacht wird. Sie dient nur noch als ideologisches Herz in einer herzlosen Welt und soll Waren, erwünschte Emotionen und Weltsichten schmackhafter und eingängiger machen.

Eine beliebige "Musikrichtung" ist das Thema: Also Augen und Ohren zu und durch!

Ob Schlager, Bebop, Hip Hop, Rapp, Folksong, Rock, Swing, Jazz, Beat, Soul, Metal, Punk, Techno ... : "Popmusik" ist die allgemeine Musikrichtung aller modernen Musikrichtungen ...

Unterhaltungsmusik ist das melodische
Kettenklirren von Lebenslänglichen.

Nur Taube gehorchen. Wer Musik im Blut hat,
hat oft nur Bohnen in den Ohren.

Sein Christentum hat *Bachs* Musik komponiert,
nicht lauter Lust an schönstem Lärm.

Logik, Lyrik und Musik sind eins : sie haben
kein reales Objekt und nichts (von ihm) zu sagen.

*Polyphone Sphärenmusik*. Erhebe deine Stimme,
vielleicht gehört sie zu kosmischen Opern
für Himmlische, mit viel Kontrapunkt.

*His master's voice*. Die Jugend tanzt
nach der Pfeife der Musikindustrie.

*Popmusik* : Ouvertüre zur Marschmusik
von morgen.

Man lebt immer im finstersten Mittelalter
zwischen Altertümern und Zukunftsmusik.

Ersetzt Musik oder Mathematik die eine Welt-
sprache *vor* dem Turmbau von Babel? Das eine
macht zu viele dumm, das andere zu wenige klug.

Popmusik, PKW und Fußball – unheilige Drei-
einigkeit, die keine Blasphemie duldet. Nur noch
deren Verbote führen hier zu Sozialrevolutionen.

"Frau Musica" hält die Jugendlichen der Welt
mit Wiegenliedern am Gängelband. Das Volk hört
Popmusik und gehorcht *His Master's voice*.

Wann sind Maler Augenärzte, Musiker
Ohrenärzte und Autoren Nervenärzte?

*Nature or nurture.* Kunst kommt von gekonnter Impotenz, Musik von zugedröhnter Taubheit, Literatur von beredtem Schweigen, Malerei von blinder Sehenswürdigkeit und Philosophie nur von schlauer Unwissenheit.

Keine Kunst ist heute so beliebt wie Musik.
Blinde übertreiben eben ihr Gehör.

Schlecht ist Musik, die den Hörer ermutigt,
selber welche zu machen.

Der Systemkritiker war ebenso viel besser als der Aphoristiker *Adorno* wie der Musikphilosoph besser als der Komponist Adorno.

*Adorno.* Was dissonanter Musik oder Lyrik an Harmonien im Gemüt fehlt, fehlt negativer Logik, Dialektik oder Ethik an Versöhnung mit der Welt.

Ist Popmusik Musik und ein Kriminalroman Literatur, dann ist auch ein Stein Einstein.

*Popmusik* : Amusische haben Krach mit Musen.

Krach wird meist zu schön gefunden,
wenn er nur mit Pop-Musik verbunden.

Jugendliche sind taub gegen Warnungen,
ihre laute Musik mache taub.

Man macht sich keine Gedanken mit Hilfe der
Philosophen, fühlt nicht mit Hilfe der Dichter und
hört nicht mit Hilfe der Musiker.

Wer der Sprache nicht mächtig genug ist, sucht
Unaussprechliches und Unsägliches in Musik und
Malerei, wo ihm Hören und Sehen entsteht.

Popmusik ändert Hörgewohnheiten der Bevölke-
rung, die Philosophie nicht ihre Denkgewohnheiten.
Diese hält dumm, jene macht taub.

Hing der Himmel jemals voller Geigen
von Zukunftsmusikern? Die Hölle hängt
voller erster Geigen.

Der Ewige spielt sein einsames Solo
und lädt uns ein zum konzertanten Mitspielen,
zu himmlischer Sphärenmusik mit Engelschören.
Die „Superstrings" schwingen subatomar mit.
Und jede „Stimme" zählt …

**Musik im Blut und Bohnen in den Ohren**

Entweder moderne Popmusik oder traditionelles Volksliedgut sind nicht die Alternativen, sondern Kehrseiten derselben Medaille. Moderne "Popmusik" ist keine neue Musik, sondern elektronisch aufgeputzter Mix der abgestandensten Hörmotive und Tontechniken aus der romantischen Musik des 19. Jahrhunderts, die eine Revolte weniger gegen die klassi(zisti)sch "Erste Wiener Musik" als gegen die moderne Industrialisierung und Rationalisierung der Welt war. *Wagners* unendliche Tristan-Melodie ist nicht nur akustische Arisierung, sondern musikalischer Fließband-Orgasmus, das neuzeitliche Traumziel aus permanentem Heidenspaß.

"Neue Musik" war zu Beginn des 20. Jahrhunderts nur *Arnold Schönbergs* atonale Zwölftontechnik, die vom alten bildungsbürgerlichen Klassik-Publikum bis heute noch nicht rezipiert und goutiert wird, sondern durch Popmusik konterkariert wurde. Was vom Bildungsbürger übrigblieb, ist längst stolz darauf, sich für die wenig unterhaltsame U-Musik nicht zu gut zu sein. *Popmusik* ist keine volkstümliche Musik, sondern massenkulturindustrielle Unterhaltungsmusik zur akustischen Dauerbetäubung des gemeinen Volkes, das für aller Unterhalt sorgt, durch "seine" Eliten.

Der Raucher genießt nicht die Zigarette, sondern er kann nichts auf der Welt genießen, ohne dabei zu rauchen. Nur durch die Zigarette hindurch kann er die Welt genießen, indem er sie in Rauch aufgehen lässt, meinte *Sartre*. Dem Musikliebhaber geht es heute zunehmend wie dem Tabakliebhaber, beide sind süchtig nach ihrer Droge. Bald können wir nichts mehr tun, ohne dabei Musik zu hören und die Welt in 'disziplinierten Lärm' aufzulösen. Wer früher etwas tat, machte dabei viel Lärm und Geschrei; heute hört er dabei Musik aus dem MP3-Player. Der *Walkman*, den der Jugendliche im Ohr mit sich herumträgt, sagt nur die Wahrheit über jene, die keinen *Walkman* besitzen. Der unabschaltbare Player mit der popmusikalischen Endlosschleife ist der Kern der modernen Beschallungskultur, die den idealen Zuhörer für Behörden heranzüchtet. Auf gigantischen Popfestivals wird gegen Kriegsgetöse und Umweltzerstörung musikalisch protestiert, aber das Massenpublikum ist taub für den Widerspruch, dass mit akustischer Umweltverschmutzung für eine reine Welt voller Ruhe und Frieden geworben wird.

Irgendwann ist auch der selbstgestrickteste Pullover einmal fertig und angezogen, und was machen wir dann? Dann hören wir natürlich Musik, um nicht über mehr reden zu müssen als über Essen und

Trinken, Schlafen und Beischlafen, Autos und Körperpflege. Unterhaltungsmusik ist das Geräusch beim rhythmischen Rütteln von Gefangenen an ihren Gitterstäben, das melodische Kettenklirren von Lebenslänglichen. Der Krach, den sie schlagen, ist Musik nur in ihren eigenen Ohren.

Jeder Schlager, den ein Deutscher hört, ist ein kultureller Totschläger, weil ein Zeitschriftenartikel, den er nicht liest. Jedes PopfestiValium, das er 'sich reinzieht', ist ein Buch, das ihn nicht zur Besinnung bringt, und jeder Folksänger, den er kennt, ist ein Intellektueller, den er nicht kennt. Kurz : Wir lauschen, um nicht reden und lesen zu müssen. Mit Musik dröhnen wir uns die Ohren voll, um nicht zu hören, was los ist. Wir sind ganz weg.

Musik, hat man gesagt, sei ein internationales Esperanto, welches die Landesgrenzen der Nationalsprachen spielend überwindet. In Wirklichkeit ist sie nur ein Dolmetscher derer, die nicht einmal ihre Muttersprache beherrschen. Musik ist heute nichts als die lauteste Form von Analphabetismus, die in den Rang der Kultur erhobene konstitutionelle Legasthenie. Unterhaltungsmusik ist ein akustisches Betäubungsmittel, ein Weckamin und Tranquilizer zugleich im Kampf um den täglichen Unterhalt.

Wer nirgendwo etwas zu sagen hat, sagt es am schönsten mit Musik, und wer gern Musik hört, hört gern auf Befehle, die heute darin verpackt werden. Mit Musik geht alles besser runter. Wir sagen Musik und meinen Irrationalismus. Wenn einer mit dem Nachdenken anfangen will, muss ihm erst Hören und Sehen vergehen, schrieb *Hegel* einmal, der ja von Musik und Malerei nicht viel mehr verstand als ich, obwohl nicht jeder optische oder akustische Banause deshalb schon ein Denker vom Range *Hegels* ist. Man sagt, dass Musik die Menschen aller Rassen, Hautfarben, Konfessionen, Ideologien und Sprachen verbinde. Musik verbindet nicht, Musik trennt. Sie ist das ideale Kommunikationsmittel für die taubstummen Normal-Autisten von heute.

„Musik ist höhere Offenbarung als alle Religion und Philosophie." Ja, ja, ja, das lassen sich von *Beethoven* natürlich gern alle gesagt sein, die weder Richard Wagner von Fausts "Famulus Wagner" unterscheiden können noch Jesus von einem grün-alternativen Sandalen-Guru. – Melodie und auch Rhythmus leisten heute für den seelischen Haushalt, was früher nicht einmal der Kampf ums Seelenheil vermochte. Den einen macht der Mordskrach fast verrückt, der dem anderen ein hochwirksames musi-kalisches Antidepressivum ist. Schöne Töne werden aufgeboten gegen die Monotonie des Alltags und gegen "vegetative Dystonie". Wir singen und pfeifen im dunklen Wald, und wenn der Schwarze Mann uns Angst macht, machen wir Schrammelmusik oder die Musicbox an. Tiefenpsychologisch ist laute Tonkunst so etwas wie lauter akustisches Sedativ gegen soziale Paranoia. Jeder ist ja hinter jedem anderen her, und das ist nur mit Musik zu ertragen.

Wer sich von Stimmen und Kommandos verfolgt fühlt, kann zweierlei tun. Entweder geht er selbst unter die Verfolger oder schaltet ab, indem er die HiFi-Anlage anschaltet. Umtatatäterätätä, peitscht es beruhigend auf. Wir liegen unseren Herren zu Füßen, aus Liebe zu ihnen oder aus Angst vor ihnen oder aus Angst vor unserer Liebe oder aus Liebe zu dieser Angst. Das haben der Jogger, dessen Gesundheit angsterregend violett im Gesicht langsam von hinten an uns vorbeizieht, und der Musikfreak gemeinsam : Beide sind auf der Flucht vor ihrem Verfolgungswahn. Schall und Rauch, Schall und Wahn, gehören zusammen seit Anbeginn der Zeiten; die Trommler gingen voraus in die Schlacht.

Für *Schopenhauer* war „Frau Musica" nichts als der real existierende Widerspruch, dass *Kants* Ding an sich unerkennbar und doch sinnlich wahrnehmbar ist. Für *Schopenhauer* war Musik das direkte ästhetische Abbild seines „Lebenswillens", und die Quintessenz des Weltwillens sah er im Geschlechtstrieb. Adam erkennt sein Weib Eva, die ihn erhört und ihm zu Willen ist. Sie hört ihn an, und sie gehört ihm. Musik bringt die erotische Hörigkeit auch der unglücklich Liebenden zu Gehör, sie ist Stenographie der Gefühle. Verführerisch tönt's von ewiger Liebe, als sei sie möglich auf Erden, und noch die Klage um alles Liebesleid wird da zum Ohrenschmaus. *Schopenhauer* hörte in der Musik den trügerischen Wohllaut der Wollust, Hinhalten und Gewährung, eben nur das Stöhnen der Liebesgeständnisse, und im rhythmisch umspielten Takt quietscht die große Weltmatratze, wenn wir zur lustigen Fortpflanzung des Elends in der Welt animiert werden. Musenkunst ist Empfängnis durch Ohrmuscheln, Schopenhauer hörte und – hörte auf. (Aber er hörte gern Rossini.)

Wie dem auch sei, die sinnlichste aller Künste war immer beliebt bei den Gegnern der 'Verkopfung', also bei jenen, die glauben, sie hätten einen Kopf zu verlieren, obwohl ja nicht jeder, der das Denken für ein Mittel hält, sich das Leben schwerer statt leichter zu machen, deshalb schon ein namhafter Musikliebhaber ist. Wer Gastarbeitern vorwirft, was er sich selbst vorzuhalten hätte, nämlich keinen einzigen fehlerfreien deutschen Satz bilden zu können, hält sich heute für einen Musikkenner, weil er alle metaphysischen Hintergründe durch Hintergrundsgedudel aus der Dolby-Anlage ersetzt hat. Der Gescheite liebt Musik, weil er seinen Verstand benutzt, sich mal von ihm zu erholen, während der übliche Dummkopf an der Musik ja vor allem liebt, dass sie den Kopf nur als Ohrenständer braucht und von der Qual erlöst, ein Großhirn zu besitzen, das die Lebensqual verringern hilft. Jeder Arsch mit Ohren wiegt sich in Sphärenklängen.

Wer Ohren hat, der höre weg.

Mit 15 Jahren hörte das Arbeiterkind im Radio das US-Arbeiterkind *Elvis Presley* singen, weil die Eltern 'La Paloma' hörten. Mit 30 Jahren liebte das Arbeiterkind den Neutöner *Anton von Webern*, weil niemand etwas von ihm hören wollte, und mit 45 Jahren war es eher Mozart, obwohl alle Welt ihn zu lieben vorgibt.

„Für den überwiegenden Teil der Menschheit ist die Musik ein angenehmes Mittel, ihre eigene Plattheit zu pathetisieren."
*(Heimito von Doderer : "Repertorium")*

***Der Ton macht die Sphärenmusik***

Alle "Popmusik" ist gut
für Regression der Ohren.
Allzu leicht geht sie ins Blut
zurückgebliebener Toren.
U-Musik verdirbt das Gör
bis ins greisigste Gehör.

*Swing* singt Klingelingeling.
*Rock* hängt noch an Mamas Rock
und vergeigt auch jeden Choc.
Ist der *Punk* noch kinderkrank?

*Schlager* ruft die Schläger,
*Folk* verarscht das Volk,
*Soul* ist hohler Seelenkohl,
*Beat* ist Babyschiet im Lied,
*Rap* nur Nepp for Depp,
*Techno* sagt zu High-Tech: NO!
*Ja*-zz sagt Ja, sang Ja, tanzt Ja.
*Pop* on top ist reifer Kopp-Flop,
infantil und infernalisch
trivialsttiefmusikalisch.

Reifes Hören
nix für Gören?

Kinderrasseln,
Teenies quasseln:
Bilden Ohren sich zurück,
triumphiert das Herdenglück.

Auf uns're Taubheit bauen
heißt auf die Pauke hauen.
Menschenaffen kreischen, stampfen,
wo sie nur Gesinnung klampfen.
Ja-zz oder Nein-zz?
"Yeah-Yeah-Yeah!"

Was Adorno zur Beatmusik schrieb, ist so richtig
wie (fast) alles, was er zum Jazz schrieb, der keine
kohlenschwarze Sklavenmusik ist, sondern lediglich
blütenweiße Elitenmusik improvisiert.

Eine große Gesangsstimme macht nun bestimmt
mehr Bombenstimmung als jede Begriffsbestim-
mung und überstimmt dann jede Verstimmung?

+ + +

Nichts langweilt mich mehr als Unterhaltungskunst,
nichts fesselt mich mehr als freie Schriftsteller.

## Vom Pionier La Rochefoucauld zu dir und mir

Der Herzog *La Rochefoucauld*, Frondeur gegen den absolutistischen Hofadel von Versailles, schrieb wenig genug, um niemals Überdruss zu bereiten : Er hinterließ gerade einmal fünfhundert Maximen, und wurde schon allein dadurch weltberühmt. Dieser adlige Urahn des literarischen Aphorismus entdeckte vor dreieinhalb Jahrhunderten eine eigene Literaturgattung und brachte sie im Handstreich sogleich zu einem Höhepunkt. Hätte er mehr geschrieben, hätte sein Kardinalthema, die Eigenliebe unter allen Tugendmasken, dafür nicht ausgereicht.

Die „Französischen Moralisten" (La Rochefoucauld, Vauvenargues, Chamfort, La Bruyère, Montesquieu, Joubert, Jouffroy, Rivarol, Valéry … ) haben oft mehr Sach- als Sprachpointen, mehr Esprit als Wortspiel, und der Sprachwitz steht im Dienst einer satirischen Entlarvungspsychologie — die unser Friedrich *Nietzsche* dann im 19. Jahrhundert noch einmal ganz einsam überbieten konnte, von Karl *Kraus* im 20. Jahrhundert musterbildend aggressiv fortgesetzt. Nietzsche war Pionier darin, bissige literarische Salonaphorismen der Franzosen als genuin philosophische Form zuzuspitzen zu so etwas wie polemischen *Philosophorismen.*

Es gab ja schon vor La Rochefoucauld Aphorismen, kurze prägnante wissenschaftliche Lehrsätze, Heraklits dunkle Rätselsprüche z. B., hippokratische Heilregeln („Vita brevis, ars longa"), aber nicht als literarische Kunstform, als virtuoses Erkenntnisspiel zwischen Gefühlen und Gedanken, Bild und Begriff, ästhetischer Einbildungskraft und rationaler Urteilskraft, deren spannungsreiche Unversöhnlichkeit im Aphorismus ihren s(pr)achpointierten und vieldeutigen Ausdruck finden, möglichst geistreich und reizvoll, anregend und verblüffend, irritierend und paradox formuliert. Aphorismen sind Kurzsachprosa und oft Zwergsatiren in Rätselform : **Dies** behauptet es zu sein, doch **das** ist es wirklich.

*Francois Duc de Larochefoucauld* musste als adliger Frondeur erst militärisch scheitern, um als bezaubernder Schriftsteller sprachlich zu obsiegen. Wie jeder von uns machte er aus der Not seine Tugend, er scheiterte auf den Schlachtfeldern, *entdeckte* eine neuartige Literaturgattung und *eroberte* damit die Salons des Ancien Régime und des ganzen Europa : Reine Theorie wies die schmutzige Praxis in ihre Schranken. Er war kein Moralprediger, sondern betonte die Amoral (und den Amor) in(nerhalb) der Moral und untersuchte nur wie alle Moralisten die „Mores", die Sitten und Gebräuche seiner Epoche.

1667 – 2022 : Den berühmten Ball des feudalen Konquistadors nimmt ein plebejischer „Erunterer" auf, der erst noch berühmt werden will durch seine Entdeckung. Was hat er aufzudecken? Großbürger Ludwig *Wittgenstein* hatte den „linguistic turn" in die europäische Philosophie gebracht, und ein Kulturprolet möchte nun diesen linguistic turn, der sich inzwischen weidlich totgelaufen hat und ausgereizt scheint, verschärfen durch einen „aphoristic turn", um der akademisch steril gewordenen Universitätsphilosophie einen Ausweg zurück ins Allgemeinverständliche, aber dadurch nicht Binsenweisheitliche zu eröffnen.

Der von Fr. Nietzsche beeinflusste Theodor W. *Adorno* hatte in seiner „Kritischen Gesellschaftstheorie" den schlagenden Aphorismus zu einer ebenso legitimen wie zukunftsträchtigen Form des Philosophierens erklärt, und sein Schüler *Jürgen Habermas* ernannte die teilweise aphoristischen „Minima Moralia" (1951) zu Adornos Hauptwerk, nicht etwa die spätere, systematischere „Negative Dialektik".

Diese bürgerliche Selbstkritik des spätkapitalistischen Bürgertums wäre nun ins Proletar(ist)ische zu übersetzen durch gnomisches Philosophieren und philosophische Sprücheklopferei, die von seichten Gesinnungssprüchen und lustiger Blödelei endlich weggekommen wäre. „Philosophischer Gehalt in literarischer Gestalt" ist tendenziell für gewöhnliche Laiensterbliche verständlich und doch anspruchsvoll genug, um allem bloßen Zeitgeist kritisch gerecht zu werden.

Hier knüpft mein paradigmatischer „Aphoristic turn" der Philosophie an als bevorzugte Form rationaler Vernunftkritik und innovativer Gedankenexperimente. Die „Sentenzenschleifer" sind „Dichter und Denker" in Personalunion, und "aphoristic turn" törnt Leser an, selber nachzudenken (statt nur Vordenkern).

*Heraklit* um 500 v. Chr. : „Ein Haufen aufs Geratewohl hingeschütteter Dinge ist die schönste Weltordnung", und ein Haufen aufs Geratewohl hingeschütteter Spreng-Sätze spiegelt diese Weltordnung am schönsten.

Hegels Geistessystem war der letzte europäische Versuch gewesen, die gesamte substanziell metaphysische Tradition seit der Antike noch einmal zu vereinigen mit der freien neuzeitlichen Subjektivität von Kants „transzendentalem Idealismus" zu einer modernen "Philosophia perennis". Das Hauptmotiv seines Denkens lag im Versuch, die frühromantischen Fragmente seines fichteanischen Erzgegners Friedrich Schlegel zu reintegrieren oder als nur amoralische Frivolitäten bzw. poetische Willkürakte dialektisch zu überbieten.

Hegel war die Regel, Schlegel galt als Flegel.

Wenn jedoch geistreich isolierte Aphorismen jedes geistige und soziale System schon sprengen könn(t)en, wären sie tendenziell und potenziell die siegreichen Erben aller Abendlandphilosophie.

"Heraklit wird nie veralten." (*Nietzsche)*

Kunst, Religion und Philosophie bildeten in *Fr. Hegels „Wissenschaftssystem"* die Selbstentwicklungsstufen des „absoluten Geistes", der bei seinem Hauptgegner *Fr. Schlegel* nur noch fragmentiert erreicht wurde in potentiell unendlich vielen kurzen aphoristischen Hochsprüngen wie Sätzen (ins Freie). Bei Dichtern und Denkern wie *Nietzsche* und später *Adorno* wandte sich dann diese Einheit von Kunst und Philosophie gegen die Religion (wie gegen Recht und Moral der herrschenden Geistes- und Gesellschaftssysteme samt ihren unsittlichen Sitten.)

Bei Ludwig *Wittgensteins* „linguistic turn“ blieb *Hegels* System des „absoluten Geistes“, die dialektische Synthese von Kunst, (protestantischer) Religion und Sprachspiel-Philosophie der „ordinary language“, übrigens auf seltsam eigentümliche Weise noch erhalten.

*Nietzsche, Adorno* und *Wittgenstein* bildeten dabei nur späte Vollender oder Vollstrecker der Frühromantik *Schlegels* gegen *Hegel*, welcher *Fichtes* dialektische Interpretation von *Kants* rationaler Urteilskraft als freie Einbildungskraft systematisch „wiedereinfangen und noch überbieten“ (*Hermann Schmitz*) wollte durch seinen objektiven Idealismus der frühromantisch „entfremdeten Subjektivität“.

Alle gingen seit *Fichtes* Vorläufer *Maimon* aus von *Kants* Dialektik der unobjektivierbaren Ganzheitsideen (Gott und die Welt und die Seele), die keine Erkenntnisgegenstände unter anderen werden können. – Kann die in der Neuzeit grassierende potentiell endlose Atomisierung des Weltganzen ausgerechnet aphoristisch auf- und abgefangen werden – wie schon einmal in der monotheistischen Monadologie von *Leibniz*, der die strikte cartesianische Subjekt-Objekt-Spaltung nicht pantheistisch wie *Spinoza* heilen oder idealistisch wie *Platon* heiligen wollte, aber als guter Protestant diese Atomisierung auch nicht bis ins unendliche Kleine und Nichtige betrieb.

## Treuer Glaube an Untreue und Unglaube


Treu und Glauben sind ein weites Feld, würde der alte Briest bei *Theodor Fontane* sagen.

Ein zu weites Schlachtfeld?

"Treu und Glauben bezeichnet das Sozialverhalten eines redlich und anständig handelnden Menschen, ohne den Begriff näher zu definieren."

*(Wikipedia)*

Aus gutem Grund wird es nie näher definiert.


Verwaltungstheoretiker und Systemphilosoph *Niklas Luhmann* sprach 1973 von "Vertrauen – Ein Mechanismus zur Reduktion sozialer Komplexität." Vertrauen dient "zur Entlastung von der übergroßen Komplexität, der der Mensch sonst angesichts der unzähligen Zumutungen, Handlungs- und Deutungsmöglichkeiten, die an ihn herantreten, ausgesetzt wäre" *(Hermann Schmitz)* und die er gar nicht mehr im unübersehbar Einzelnen juristisch regeln könnte, weil das Gesetzbuch dann unendlich dick würde für alle unausdenkbaren Eventualitäten. Also vertraut man pauschal en gros und nicht explizit en détail. Einst vertraute man nur Gott und denen, die ihm treu glaubten; heute glaubt man alles und nichts

– außer an einen Gott. Wenn es nur Einen Gott gibt, gibt es nicht viele Wahrheiten, doch viele gleichberechtigte Gotteskinder mit gleichberechtigten, aber nicht gleichwertigen Meinungen und Ansichten.

"Wenn Gott nicht existiert, ist alles erlaubt", ließ *Dostojewskij* eine seiner Romanfiguren sagen.

Das glaubt der "aufgeklärte" Zeitgenosse keineswegs und versucht, Recht und Moral, Anstand und Redlichkeit, Treu und Glauben, auf anderen Grundlagen zu errichten, auf das konsensuelle "Grundgesetz" einer Staatsverfassung zum Beispiel. Das individuelle Gewissen hat dazu ausgedient, seit *Sigmund Freud* es als bloße Verinnerlichung zufälliger Sozialkonventionen und (oft unsittlicher) Sitten entzauberte. Wenn aber ein absoluter Maßstab fehlt, wird wie heutzutage die Relativierung-von-allem selber verabsolutiert. Wenn heute etwas ironisch von Treu und Glauben die Rede ist, meint man selten treuen Gottesglauben, sondern konstitutionellen Glauben von Wählern an konstitutionelle Untreue von Politikern.

Das "Böckenförde-Dilemma" von 1964 lautet: "Der freiheitliche, säkularisierte Staat lebt von Voraussetzungen, die er selbst nicht garantieren kann."

Er setzt ein solidarisches "Sozialkapital" schon voraus, das er nicht zuvor selber produzieren kann, also anständiges Vertrauen "auf Treu und Glauben". Erwartet jeder zurecht vom anderen, dass er Treu und Glauben zurecht erwarten darf? (Deshalb übrigens diskutierte der führende und "religiös unmusikalische" Sozialphilosoph *Jürgen Habermas* mit *Papst Benedikt XVI.* über transzendierende "Sinnresourcen", ohne die keine lebendige Demokratie arbeiten könne.

Verspricht ein Politiker vor einer Wahl zu viel, gilt er nach der Wahl als Verräter; verspricht er zu wenig, wird er gar nicht erst gewählt. Politiker führen große Reden und handeln dann unredlich, heißt es allzu gern. Die ständige Stammtisch(an)klage gegen Politiker, die nach der Wahl mehr für sich selbst als für ihre Wähler sorgen und ihre Wahlversprechen habituell vergessen, ist dabei weniger oft berechtigt, als die meisten Wähler glauben, denn die Wähler sind gemeinhin nicht besser als ihre Politiker. Wir haben die Politiker, die wir verdient haben, und würden uns an ihrer Stelle nicht viel anders verhalten (können), falls wir nicht sofort wieder vom Machtkarussell fliegen wollen. Man hat zumeist entweder Recht oder die Macht.

Wir Heuchler sind Politiker, die unsere Politiker Heuchler nennen, weil sie tun, was ihnen erlaubt wird, um ihr Gelöbnis treu zu erfüllen. Entweder sind Politiker besser als ihr Ruf oder wenigstens nicht schlechter als ihre Wähler. Sie haben nämlich z. B. kein besseres Weltklima versprochen, sondern nur ihren besten Willen, mit bestem Wissen und Gewissen zu tun, was ihnen im Kräftespiel dafür erlaubt wird. Und das tun sie in aller Regel, ohne dass es ihnen gedankt wird, ja, die Politiker sind zumeist besser als ihre Wähler, die vom Auflehnstuhl aus das Blaue vom Himmel herabfordern und versprechen, falls sie an den Drücker kämen ...

Der christlichen Bundeskanzlerin Angela Merkel zum Exempel habe ich, der nicht sehr leichtgläubig ist, stets vertraut "auf Treu und Glauben", und sie hat meinen Vertrauensvorschuss im Wesentlichen nie verspielt in ihrer langen Karriere.

+ + +

*Milde Macht, wilde Ohnmacht.* Sind die Mächtigen richtig barmherzig, um nicht erbärmlich gerecht sein zu müssen?

# Meisterkurs Philosophie
### *in 10 Minuten*

## ALTERTUM

Thales :
> Alles kommt aus dem Wasser
> und geht (oder fällt) ins Wasser.

Anaximenes :
> Alles ist aus der Luft gegriffen
> und geht (oder fliegt) in die Luft.

Anaximander :
> Tod ist Strafe fürs Dagewesensein.
> *(Sum, ergo Dumm und Bumm!)*

Gorgias : Wahr ist nur, dass alles falsch ist.

Protagoras : Alles ist wahr,
> denn jeder Mensch ist das Übermaß aller Dinge.

Heraklit :
> Alles fließt (ab).
> Der Arbeitsfriede ist der Vater des Nichts.

Parmenides :

    Alles ruht ewig. Nichts ändert sich.

    Es sieht nur so aus.


Sokrates  :

    Ich weiß, dass ich nichts weiß,

    also mehr als andere.


Plato :

    Ideen sind besser als nichts.

    Nichts ist besser als Realität.

    Also, logisch gelogen:

    Ideen sind besser als Realität.

    Das Wesen der Welt ist nicht von dieser Welt.

    Die Filosofen an die Macht!


Aristoteles :

    Die Natur der Natur liegt natürlich

    in der Natur selbst.

    Nur das theo-rethische Leben ist göttlich


MITTELALTER


Duns Skotus :

    Gott will nicht das Gute, weil es gut ist,

    sondern das Gute ist (und tut) gut,

    weil Gott es will.

Thomas von Aquin :
>     Die Idee der Scheiße
>     ist *vor* der Scheiße in Gottes Kopf,
>     ist *in* der Scheiße als ihr Wesen und
>     ist *nach* der Scheiße als ihr Begriff
>     in meinem armen Kopf.


## NEUZEIT


Descartes :
>     Gott existiert, weil er sonst unvollkommen wäre.
>     Ich existiere, weil ich daran zweifle.
>     Die Welt existiert, weil Gott nicht betrügt.


Spinoza :
>     Alles ist Wirkung der einen Substanz,
>     die Ursache ihrer selbst ist.
>     Affekte weichen nur anderen Affekten,
>     niemals der Vernunft.


Leibniz :
>     Die Welt ist die beste aller möglichen, denn:
>     Die Idee des Ganzen ist ein Teil des Ganzen,
>     und in jedem seiner Teile
>     ist das Ganze ganz enthalten.

Berkeley :
  Sein = (Inge)wahr(sam)genommensein.


Hume :
  Das Haus brennt nicht, *weil,*
  sondern *nachdem* der Blitz eingeschlagen ist.


Kant :
  Alles ist subjektiv. An sich bist du frei,
  aber was würde (auch aus dir),
  wenn nun alle so wie du ...


  Das Dingsbums-an-sich
  der Mutter Natur ist für den Erdensohn
  unerkennbar. Adam "(v)erkannte" Eva?
  (Transzendentaler Ödipuskomplex)


Fichte :
  Alle Tatsachen sind tatsächliche Untaten
  meines Ichs.


Hegel :
  Alles ist sein eigenes Gegenteil
  und hebt sich auf (höhere Stufen).
  Das Ganze erst ist das einzig Wahre,
  und jede feste Substanz der Welt
  muss zweifelhaftes Subjekt werden,

damit jedes fragwürdige Individuum
etwas Substanz bekommt.
Alles Wirkliche ist vernünftig, aber
nicht alles, was zufällig existiert,
ist deshalb auch schon wirklich!

Kierkegaard :

Nackte Wahrheit ist kleidsame Subjektivität
(des Schwergläubigen).

Schopenhauer :

Alles ist Mist, also sei Pessimist!
Leide oder langweile dich (oder geistesschaffe)!
Glück ist nur vermiedenes Unglück.

Nietzsche :

Alles will an die Macht und sonst nichts.
Lebe lebensgefährlich!
Nackte Wahrheit ist ein nützlicher Irrtum.
Alles kehrt unendlich oft wieder (um).
Religion : Sklavenmoral gegen Herrenmenschen.
Es lebe der ungezüchtigt überzüchtete
Übermensch ohne Über-Ich (Gewissen)!

Marx :

Ich habe nur das an der Welt interpretiert,
was an ihr zu ändern ist. *"ProletarierInnen*

*aller Länder, vereinigt euch!"*
zum "war to end all wars". – Zu verkopft?
"Ohne Köpfen geht das Ding nicht."


Bergson :
　　Raum = Tod.
　　Zeit = Leben.


Freud :
　　Alles ist Sex and Crime.
　　Die *cool-tour* ist nur ein verhindertes Schwein.


Husserl :
　　Streich in Gedanken die Welt durch,
　　und du siehst die Wesens-Show!
　　Komm endlich mal zur (Ur-)Sache
　　und nicht immer nur zu dir!


Heidegger :
　　Ich bin, was ich kann:
　　"Ek-statische Ek-sistenz"
　　und *Platzhalter des Nichts*
　　zwischen den Beinen von Mutter Natur.
　　Das Seyn ist es selbst und sonst nichts:
　　Das Nichts "nichtet" nur Angsthasen.
　　Die heutige Welt ist ein
　　seynsvergessenes Ge-Stell.

Sartre :

Ich bin zur Gedankenfreiheit verurteilt
und meine eigene Zukunftsmusik.
Ich erfinde patent mich selbst (als Erfinder).
Ich bin (schon), was ich (noch) nicht bin,
und bin nicht (mehr), was ich (noch) bin.
Mach dich aus dem,
was man aus dir gemacht hat,
also aus dem Staub!


Bloch :

Sein = Noch-Nicht(-Wieder-Gewesen)-Sein.
Er ritt hochdepressiv das „Prinzip Hoffnung"
auf rote Magna Mater,
des Teufels Großmutter!


Jaspers :

Nur durch Scheitern ist das Leben zu
erweitern, aber : Lebe in der Schwebe!
Das "Umgreifende" der Welt umarmt uns.


Wittgenstein :

Die Umwelt ist alles, was der Abfall ist.
Die Unterwelt ist alles, was der Überfall ist.
Die Geisteswelt ist alles, was der (R)Einfall ist.
Die Nachwelt ist alles, was nicht der Phall ist.

Adorno :
    Das Ganze ist das Unwahre:
    Es lebe der kleine Unterschied!


    Danach gab es nur noch "Firmenphilosophien".
    Exit philosophia perennis!
    Der Rest ist Sabbelei.
    Denken, nein danke?


**Komprimierter statt deprimierter**
**„C(r)ashkurs Philosophie in 10 Minuten“,**
**kompakte Euro-Weisheit in Sprechblasen**
**und Brühwürfelextrakten macht partyfest.**

*Liebe zum Witz an der Urur-Sache.*
*Liebe zu einer Dame oder Dirne*
*namens Sophie.*


Böses ist nicht mehr als Gütemangel, Gutes ist mehr
als fehlendes Schlechtes, nämlich das Allerbeste.

## Verstreute Konzentrate,
## gesammelte Zerstreutheiten

Kunst als Wertanlage : Kunstschützen legen an
auf zu dicke Brieftaschen.


Man trenne sich rechtzeitig,
falls nicht die Fetzen fliegen.


*Hörbücher* sind nur gut
für Blinde und Analphabeten.


Saufen, Kaufen, Laufen oder Raufen ist nur gut aus
Lebenslust, nie gegen Alltagsfrust und Lustverlust.


*SM* : Mein Schmerz bereitet mir Kampfeslust,
deren Folgen mir wieder leidtun bis zur Streitlust.


Abstand macht jeden Gegenstand zum Wohlstand.


*Der* Unendliche ist nicht *das* Unendliche
im endlosen Regress ad in(de)finitum.

Metaphysik war Ontotheologie der Offenbarung;
*nachmetaphysisches Denken* ist Theorie sinnlicher
in syllogistischer Offenkundigkeit.


*Duns Scotus* kannte schon wie *Husserl* intuitive
Wesensschau ohne Abstraktion, aber auch intuitive
Seinsschau des unbegreiflichen Individuums.


Ist Sklaverei gerechte Strafe für Unrecht
oder ungerechter Lohn der Ohnmacht?


Besiegen *Monarchen* die Tyrannei aristokratischer
Oligarchen, autonome *Demokraten* die Autokratie
des Monarchen und *Theokraten* die Despotie
demokratischer Ego- und Infomanen?


Jedes Geschöpf ist vollkommener als sein Material
und unvollkommener als seine ideelle Form in Gott.


Der hylomorphe Mensch als Teleologe des Seienden
hat je teil am Sein wie am Wesen seines Schöpfers,
ohne damit (all)es mathematisch zu quantifizieren.


Ohne freien Willen gibt es gar keine Praxis, sondern
praktisch nur automatische Theorien zu Automaten.

Ist der Mensch das einzige Wesen, das etwas machen kann und soll aus dem, was Mutter Natur und Gottvater aus ihm machten? Nimm diese Annahme an und gib dich ihr hin, ohne auf- und anzugeben!


*Agnostiker* wissen wissenschaftlich zu viel von religiösen Göttern, um auch nur an *einen* zu glauben.


Das ist das Paradox der Sympathie und Empathie: Man streitet *miteinander*, doch man lebt in Frieden aneinander vorbei. Liebende kämpfen ständig umeinander, denn gleiche Gültigkeit trennt.


Wie modern! Antike Herren dachten nicht nach, sie ließen nachdenken von ihren gebildeten Sklaven. Heute haben sie wissenschaftliche Lakaien.


Nichts, was Religionen je sagten, konnten sie bis jetzt beweisen. Alles, was Wissenschaften je sagten, konnten sie bis jetzt selber widerlegen.


Vertreiben wir uns in Kaufparadiese, weil wir die Hölle wieder zurückwünschen?


Was ist von undoktrinären Lehrern denn zu lernen?

Stiehl deine eigenen Sachen, um sie dir wertvoller
zu machen, doch töte dich nicht, um nicht andere
töten zu müssen!


Nur Todesangst lehrt uns noch Lebensfreude,
nur Lustverlust macht noch lebenslustig.


„Du sollst nicht stehlen!“ Die Reichen haben nur
armseligen Großkram. Nimm dir lieber die Schätze
der armen Dichter und Denker!


Nihilisten, die alles verachten, werden hochgeachtet,
Optimisten, die auch Hässliches lieben, flieht man.


Dass es liebenswert Gutes wie hassenswert Hässliches gibt, ist das gleiche unbegreifliche Wunder.


Scherzhafte Schnapsideen wie *KI* werden
schmerzhaft bier- und todernst genommen.


Feiner Unfug oder *Belästigung der Allgemeinheit*?
Aphoristiker spielen Philosophen gern literarische
Lausbubenstreiche und treiben mit Wissenschaftlern
und Weisen sch(m)erzhaften Schabernack.

Der Sozialist ist so Vorkapitalist
wie der Antitheist ein Antetheist.


Geh in dich, um mich zu finden! Lauf fremden
Kerlen nach, um mich wieder lieben zu lernen?


Man revoltiert gegen Veraltetes, um es blutjung
und brandneu wieder(er)finden zu können.


Man rebelliert gegen Überholtes nur,
um sich von ihm überholen zu lassen.


Man macht Revolutionen, um Unerträgliches wieder
lieb zu gewinnen und Verbrauchtes zu vermissen.


Vom hohen Ross und Himmel sieht unten alles aus
wie Kinderspielzeug. Das ist das wahre Weltbild,
Menschenskind!


Das erleuchtete Mittelalter war aufgeklärt genug,
die „Aufklärung" als finsterstes Mittelalter zu sehen.


Gegen Paris 1789 spricht sein Ideal Sparta,
für Napoleon sein Vorbild *Charlesmagne*.

Zukunft und Vergangenheit sind gegenwärtig
widerwärtige Interpretationen voneinander.


Ruft die Zukunft nach Renaissance „innerweltlicher
Askese" des protestantischen Großkapitalismus
oder eher nach armseligen Mönchszellen?


Die Gesellschaft ist hochrational(isiert),
Individualismus hochgeachtete Narretei.


Eine eigene Meinung hat nur,
wer keinen Wert auf sie legt.


„Der große Unternehmer hat kein anderes Ideal
als Lenin, nämlich die elektrifizierte Erde." *(Carl
Schmitt)* Mit plebejischen *Maschinenstürmern*, bitte!


*Elektronische Krücken.* Wir leben in elektrischer
Zivilisation, jeder hängt hilflos an Steckdosen.
Ein Total-Blackout, und wir sind schlagartig wieder
im Urwald. Ist jedes E-Gerät vielleicht eins zu viel?


*Zukunft* : Nur „Fortschritt" in Knebelungstechniken
unter der Karnevalsmaske der großen Freiheit?

*Brechts* „grobes Denken" ist jener grobe Unfug, der
feineren Verfügungen füglich Schnippchen schlägt.


Abtöten lässt sich der Leib auch, indem man ihn
heiligspricht und verhätschelt.


Nicht nur Verrückte wollen mit dem Rücken zur
berückenden Fahrtrichtung entrückt vorrücken.


Der Fortschritt reißt alten Dingen das Herz aus dem
Leibe zur Transplantation in Automaten 7.0.


Naturalisten liegen falsch, weil sie langweilen; Idealisten sagen wahr, weil sie den Realismus verfehlen.


Wo Liebe schmerzversteinert, wird sie zu Kunst.


Du bist reich, verbindet dich mehr mit inländischen
Reedern als mit ausländischen Werftarbeitern.


Meine Philosophie ist bloß Stroh vor himmlischer
Weisheit, doch hoffentlich groß Gold vor humanis-
tischen Binsenweisheiten.

Das eigene Heim schützt vor der bösen Welt,
doch wenn es brennt, ist es draußen sicherer.


Wer der Diktatur seines Zeitgeistes trotzen will,
liest denkbar alte Dichter und Denker.


Am gesündesten ist eine Lebensweise,
die sich um Gesundheit nicht sorgt.


Richtige Ernährung besteht darin,
sich darum recht wenig zu kümmern.


Wahres beherrscht nur eine Sprache,
Lügen sind polyglott.


Zieht Vorteile aus meinen Vorurteilen,
wo meine Urteile euch benachteiligen!


Trau dir die schwierigste Frau zu, die das auch zu
schätzen weiß; sie wird dich in deinen Schwächen
gern besser schützen als eine zu pflegeleichte.


Es fällt auf, dass heute nichts mehr auffällt an dem,
was jedes frühere Zeitalter unserem voraushatte.

Stets nutzen nur Reiche die Sklavenaufstände für
sich : Christentum wurde die Kirche der Reichen,
und Staatsbeamte wurden Sozialisten.


Gehörst du auch zum „Geheim(nisvoll)en Club“
der erfundenen und brotlosen Berufe?


Der „Fortschritt“ gegen universelle Katastrophen
wurde die einzige unaufhaltsame Weltkatastrophe.


Sein Leben *vor* dem Leben mit ihr zählt nur noch
als Vorbereitung, sein Leben *danach* nur noch
als folgerichtige Folge und Erfolg davon.


Treue endet im Himmel, der Wüstling in der Wüste.
Ehetreue wird immer abenteuerlicher,
Libertinage immer langweiliger.


*Schöne Kunst* heißt, Unförmiges in (Uni-)Form zu
bringen, Endloses in seine Schranken zu verweisen
und Uferlosem (str)enge Grenzen zu setzen.


YOLO? Die meisten leben nicht einmal einmal
und die wenig(st)en Christen ewig.

Wer das Lasterhafte in Kardinaltugenden und das Tugendhafte in Todsünden entdeckt, ist so lasterhaft tolerant, Recht und Unrecht nur in Mischformen zu ertragen und als bloße Geschmacksnuancen zu bloßen Moralcocktails zu barmixen, statt sie zu Kampfschwertern gegeneinander aufzurüsten.

Selbstmörder sind (oft nur momentan) genauso geisteskrank wie alle Mörder. Ihnen ganz *tolerant* nicht in den Arm zu fallen, grenzt an Raubmord.

Was tun Massenmedien anderes, als gegen ihre alltäglichen Schreckensmeldungen Heiden- und Mordsspaß zu empfehlen und einzupeitschen?

Nur wahre Kunst macht Sensible sensibel genug, sie überhaupt zu erkennen.

Das *Internet* macht alle zu Existenzialisten : Dein Intimstes liegt offen und gehört allen (Konzernen).

Gib deinen Senf dazu, dass der Senf fehlt!

Beten Anal-Phabeten darum, *Alphatiere* zu werden oder wenigstens *Beta-Leser*?

*Contra Adorno*. Die Mythenaufklärung wurde ihr
eigener Mythos, doch Religion war immer schon
Aufklärung über Mythen – und deren Aufklärung.


Kein Mensch hätte den Augenzeugen doch die so
unglaubwürdige Auferstehung Jesu geglaubt, wenn
sie nicht tatsächlich so passiert wäre wie berichtet.


Leben heißt, Erstaunlichstes langsam langweilig zu
machen und Wunder zu trivialisieren. Der Philosoph
will mit erwachsenen Mitteln wieder Kind werden.


Konfekt kennt keine Konfektionsgröße XXL


Heutige Nietzscheaner kennen die Bibel nicht mehr
gut genug, um Nietzsches *Antichristen* zu verstehen:
Die vielen Widersprüche in seinem Werk spiegeln
ja nur die inneren Paradoxien des Christentums.


Wo Mathematiker Phantasie brauchen,
wird ihre Erotik abstrakt.


Bist du nur verkannter Vorfahre
deiner unbekannten Nachfolger?

Gewinnen erst Greise den Kinderglauben,
den sie nie hatten?


Logik ist der Glaube, der erst nach dem Nachdenken
kommt und ihm doch nicht folgsam hinterherdenkt.


Gemeinsames Leben wird anhaltend gewesen sein,
und danach ist nie wieder wie zuvor, doch Treibsatz
für restliche Sätze allein im stillen Kämmerlein …


Bildung 2000 : Analphabeten und Legastheniker
horten und hören Bücher und lesen erlesene Bilder.


Hintergedanken in der Vorgeschichte, Vorgefühle
in Kurzgeschichten, Geschäfte in Lebensgeschichten
und Gedichte in Lebensgeschäften : *Portmanteaus*.


In *Jaspers'* "Achsenzeit" entstand auch der *Talmud*,
nur menschliche Sprüche zu Gottes Wort.


Ausnahmen sind die Regel,
doch Regeln auch die Ausnahme.


Was du hast, wird langweilig oder bedroht.

„Ich schärfe jeden Satz, als wäre er eine Messerklinge."
*(Édouard Louis)*

Die Weltklimakrise ließe sich nur meistern durch
höchste Vermögenssteuern, die aber von Reichen
als illegale Enteignung abgewehrt würden.


*Zivilisation* ist Triumph der Wissenseliten über
Laiendemokratie und Kunstaristokratie zugleich.


Freier Wille ist das Loch in dir,
durch das Himmelslicht scheint.


Nur „hyperkomplexe biochemische Maschine",
durch natürliche Selektion entstanden : Es blubbert
die Ursuppe von Enzymen unter Gewitterblitzen,
und heraus springt das darwinistische Lebenselixier?


*Flaubert.* Moderne Kunsttechnik ist Hass auf die
technisch modernisierte Welt, aber überstimmen
poetische Außenseiter die demokratische Mehrheit?


Wer seinen Neigungen erfolgreich folgt,
verneigt sich vor herrischen Herren.

Wir wandeln auf Wegen, die sich wandeln,
zu trefflichen Zielen, die wir abschießen.


Schon der *Big Bang* war ein eklatanter Ur-Eklat
im langweiligen Universalnichts?


Mit ewigem Basta! ist nun Schluss und genug,
basta!


Dein „Glück im Unglück" anderer
ist tiefstes Unrecht im höchsten Recht.


Im Herb´st fällt Urlaub vom „Baum des Lebens".
Wer kann auch nur ein einziges Blatt davon lesen?


Erbsündenfall : Adam verkannte Eva als nur mater-
ielle Potenz statt himmlische Sophia *(Schechina)*.


Staatsdiener 2022 : *Liberté* der Sorgenfreien,
*Egalité* der Gleichgültigen, *Fraternité* der Big
Brothers. (Liberté der Wissensfreien, Egalité der
Überprivilegierten, Fraternité des Beamtenadels.)

Materialistischer Naturalismus ist nur Metaphysik unserer Zeit, eine recht naive und unzureichende Metaphysik. Was Naturwissenschaft über den Geist herausfindet, ist nur das Geistloseste am Geist. Und kein Computer, KI-Roboter oder "neuronales Netzwerk" der Welt hat bisher auch nur einen einzigen geistreichen Satz herausgebracht, der auch von ihm selber stammt und verstanden wird.


Was ist ein kleiner Gauner oder auch Raubmörder gegen die Möglichkeiten moderner MINT-Forscher?


Der Schöpfer kann seine Ebenbilder ergreifen,
bis sie seine Schöpfung begreifen wollen.


Was wollen Logiker, Lyriker. Mystiker und Musiker uns damit sagen? Bestimmt nichts Bestimmtes.


Der Leser frage sich : In welchem Sinne könnte ein Aphorismus wahr sein, der so widersinnig klingt?


Auch Handeln schlägt zu Buche : Ich bringe in den Handel Bücher, die nur in Buchhandlungen handeln.


*Sozialstaat*: „Hängematte" als Qualifizierungszwang

*Ungereimtes Zeug*. Die Zeit, in der sich noch etwas
auf den lieben Gott reimte, scheint ewig vorbei.


Bist du zivilisiert genug,
den wilden Heiden zu spielen?


Nimmer nimmt der Immersatt seine Imme (ernst),
und nimmer ist immer schlimmer als irgendwann.


*Demokratie* : lauwarme Summe hitziger Debatten
in frostiger Atmosphäre.


*Habitus* : Mein Gehabe zeigt gut mein Hab und Gut,
dein Kulturkapital nur deine Gesellschaftsklasse.


Die Erwerbsbefähigung des gottesebenbildlichen
Arbeitssklaven durch Ausbildung bildet keinen
Bildungserwerb zur Selbstbefreiung.


Der Mensch hat nicht die Würde darwinistischer
Untiere, sondern einer unsterblichen Seele.


*Weltlauf* oder *Lebenslauf* ist kein Alterssitz und
besser als Grundlage von Lebens- und Niederlagen.

Leben wir heute im *Posthistoire*, war die Weltge-
schichte nur Vorgeschichte des höllischen Himmels
auf Erden (Marx, Silicon Valley) oder des ewigen
Lebens im Himmel (Christus) – oder des Nichts.


Im Ernst versucht hat man es mit dem Sozialismus
zu lange, mit dem Christentum nicht lange genug.


„Wenn ihr nicht werdet wie die Kinder …“ Was ich
schrieb, war nur ein Kinderspiel gegen eure Untaten.


Furchtbar, was nun alles wunderbar heißt! Ist alles
wundervoll, wunderbar oder bar aller Wunder?


*Kants* Aufklärung war Verstandesdeismus, *Hegels*
Idealismus aber trinitarische Vernunftdialektik.


Schlechtere Menschen wurden bessere Sozialisten.
Du musst leiden, nicht um Sünden abzubüßen, sondern um einzusehen, dass du nicht der Schöpfer bist.


*Non credo, quia absurdum?* Von Anfang an wurde
gottesebenbildlich nur über *Heiliges* philosophiert.

Im Freien und Friedhof darf nur schlafen,
wer Geld genug hat, es nicht zu tun.


Die Familie ist weniger die „Keimzelle" als
die Gefängniszelle und Todfeindin des Staates.


Kriminalisten sind nicht zufällig so einfallsarm,
Kriminelle auffällig oft nur in Armen zu sehen.


Arme werden wie potente Leibeigene versorgt
und wie potenzielle Enteigner entsorgt.


AT : Wenn es schon nicht ohne Sklaverei geht,
dann sei jedermann abwechselnd Herr und Knecht
mindestens einmal pro Generation.


*Crux et Lux* : Soziale Reformation der Christen
oder christliche Reform der Sozialisten?


Jeder macht nun seine Intimsphäre publik, läuft
nackt herum, um dem Staat und den Konzernen zu
zeigen, dass er nichts zu verbergen hat als lumpige
Banalitäten : Von mir ist nichts zu befürchten.

Kommt von der Erde in den Himmel,
wer den Himmel auf Erden bringt?


Ein *proletarischer* Kulturprotestantismus
will Bildungserwerb, doch nicht für den Broterwerb.


Gehören nicht Autonarren, die „Öffis für alle"
zu den Phantasmen zählen, in Klapsmühlen?


Schön zu besehen, schlimm zu erleben : Für Kultur
haben Arme zu wenig und Reiche zu viel Geld.


Psychedelische Drogen statt spirituelle Religion,
autonome Drohnen statt geistige Engel am Himmel?


Die Kluft zwischen Herr(in) und Diener(in) ist grö-
ßer als der kleine Unterschied von Mann und Frau.


Jesus zu Zelot Judas : „Wehret nicht dem Bösen!"


Naturwissenschaftlich befeuerter „Fortschritt"
gibt den Reichen nur immer potentere Werkzeuge
an die Hand, ihre Arbeitssklaven auszuplündern.

Ohnmächtige Aphorismen spielen mit der Schwer-
kraft und Windkraft, Tatkraft, Willenskraft, Aus-
sagekraft, Kaufkraft, Urteils- und Einbildungskraft.


Wir haben veganen und (veget)arischen Tierschutz.
Wann kommt für uns Allesfresser der Menschen-,
Pflanzen- und Steinschutz?


Wenn wir in Mitmenschen nicht längst
die Automaten erkennen, werden diese
uns nicht von Autos unterscheiden.


Wo ein Problem offen diskutiert werden könnte,
besteht es insgeheim schon längst nicht mehr.


Wer etwas verbessert haben will,
muss es viel schlechter machen, als es ist.


Gott kommt zu dir durch Liebe, du kommst zu Ihm
durchs Kreuz. Auch durch deine Eigenliebe liebt Er
sich selbst, eine Arbeitsurhypothese des Menschen
ohne messtechnische Observablen.


*Das Sein bestimmt das Bewusstsein*, also unbewusst
gewordenes Bewusstsein das bewusste Sein.

Wo es Demokratie von Laien gibt statt Demagogie
von Wissensaristokraten, gibt es Sozialrevolution.


Ihre falschen Ideen sind menschenunwürdiger
als falsche Menschen.


Ist Heiliges, maßgebend keusches Sein,
durch menschliches Bewusstsein erreichbar,
ohne es zu verunreinigen?


Gibt es einen „aphoristic turn" der philosophischen
Grundlagenforschung aller Grundlagenforschungen?


Nur in Regenpfützen sieht man(cher) den Himmel
auf Erden glänzen.


Unwetter ist das Wetter, welches weniger Weltklima
verschlechtert als Betriebsklima verbessert.


Materialismus ist laut *Chesterton* der Kinderglaube,
dass sichtbare Bäume unsichtbaren Wind machen,
aber Maschinen machen keine *Maschinenstürmer*.


*You're always on my mind, I'll find my way home.*

Arbeiter werden kranker durch Schuften
als durch Saufen, Raufen und Rauchen.


*News-Blues*. Künstler sind sensibler,
Experten sind vulgärer als das Volk.


Der Menschenaffe äfft den Affenmenschen nach,
und der Mensch ist entarteter *Stardust* oder eine
verrückt gewordene Norm.


Hast du eine Welt im Kopf oder nur dich?
Auch deinen Kopf hat dein Schöpfer im Kopf.


Gut, dass bloße Gegner und Anti-Biotika noch nicht
aus *Antimaterie* bestehen!


Im All der Physik soll es so viel negative wie positi-
ve Energie geben. Manche wirken recht energielos.


Schöne Theorien müssen nicht wahr sein, doch
wahre Theorien sollten scho(e)n elegant sein.


„Fröhliche Wissenschaft"? Heiter sei das Leben,
ernst die Philosophie. Aber auch nicht finster.

Die Natur als Ebenbild des Menschen wurde immer
eher angehimmelt als vergöttert. Der Schöpfer gab
uns einen Kopf, um darin zu wohnen und zu thronen
über unseren Papierkriegs- und Geisteshelden.


Die Ideologie der Naturwissenschaft liegt im Glauben, keine Ideologie zu sein, sondern deren Ende.


*Duck* im Goethedeutsch ist wie *Bach* im Jazzjargon.


Unten steht Nietzsches *Übermensch*, weit unter
dem Menschen mit *Über-Ich* und Übergewicht.


*Eloquenz* gilt hierzulande schon als Beweis
für Lug und Trug. Stammeln musst du.


Öl mit Wasser zu mischen,
macht *Gouache* aus Farbengulasch.


*Iteration* ist, wenn der Fusionsreaktor ITER
wiederholt energisch explodiert.


Der eine muss sterben, weil er eine Krankheit hat,
der andere hat die Krankheit, sterben zu wollen.

Wer in der weiten Welt daheim ist,
geht nachhause in die Fremde.


Kann ich meine Wohnung nicht mehr sehen,
wandere ich gewöhnlich um die ganze Geisteswelt,
um mich wieder in sie eingewöhnen zu können.


Nichts ist natürlicher als alter Quark
und nichts unnatürlicher als die neue Milchfabrik.


Der Mensch ist schön, weil laut *Kant* aus krummem
Holz geschnitzt. Geradlinige Konsequenz ist
das hässliche und bösartige Werk eines Krösus.


Da Menschen von Natur aus Idealisten sind,
opfern sie sich sogar auf für angehimmeltes Geld.


Eine Weihnachtstanne kann noch so kerzengerade
gewachsen sein, vor jeder Fahnenstange ist sie laut
*Chesterton* krumm und schief.


Die Sonne geht jeden Morgen nicht auf, damit wir
uns daran gewöhnen, sondern ihre Gesetzestreue
immer rätselhafter und ungewöhnlicher finden.

*Vox populi*. Lieber eine Demokratie der Theokratie
als die Aristokratie einer Technokratie!


Wir glauben, die Welt sei schlecht, aber nicht
an den Teufel, der allein das dauernd predigt.


In guten Ehen und schlechten Witzen wartet *sie*
abends mit der Nudelrolle in der Hand auf *ihn*.


Es gibt etwas Mysteriöseres und Mystischeres
als Finsternis, und das ist das Licht (der Vernunft).


Naturwissenschaftler achten (auf) keine Fakten,
denn Heiliges, Ungeheuerliches, ist eine Tatsache.


Wer wissen will, wonach Arme selber fragen, muss
nicht wissen, was Reiche ihnen anzubieten haben.


Wir haben gute Gesetze, die schlechten Menschen
Schach bieten, doch keine guten Menschen,
die schlechte Gesetze in Schach halten.


Der Himmel ist der beste Weltuntergang,
doch wir glauben an die Hölle auf Erden.

*Klassische Kunst* ist Schönheit aus lauter Schönem,
*Romantik* ist Schönheit aus lauter Hässlichem und
*Realismus* nur Hassenswertes aus lauter Hässlichem.


Du kannst deinen Nächsten vielleicht lieben,
wenn er in Schussweite bleibt, doch nicht,
wenn er hinterm Mond lebt oder mit dir verschmilzt.


Ein Menschenaffe ist ein Mensch,
der nicht mehr auf dem Kopf steht wie *Hegel*,
sondern Menschen nachäfft wie *Marx*.


„Öffentliche Meinung" bildet sich nur noch im
Verborgenen, Privatsphäre in aller Öffentlichkeit.


Ist es nur eine Theorie, dass es zu viele Praktiker
und viel zu wenige Theoretiker gibt?


Endet Unheil nur zusammen mit Heilsamem?
Selten wird bedacht, dass Gutes vergehen muss,
damit Schlechtes mit untergehen kann.


Ein hoher Dom im niederen Volk,
ein Kirchlein nur in der Großstadt.

Vorm Wesen(tlichen) ist im Urteil alles Sein
nur Schein. Der (onto-)logische Schluss ist der
reflektierte Grund des Urteils und macht das Wesen
zum begriffenen Sein und verurteilten Urteil.


War *Ernst Blochs* utopisches „Noch-nicht-sein"
schon stalinistischer Noch-nicht-Gulag?


Tiere sind reine Naturwesen, Menschen aber
zugleich wohl etwas weniger und etwas mehr.
Zwischen *Krone der Schöpfung* und erschöpfter
Kreatur gibt es so etwas wie schöpferische Kultur.


Heute sind Reiche fit und Arme fett; einst war es
umgekehrt und hochgeehrt. Ich schwanke noch.


Beim Boxkampf (Existenzkampf) siegt stets
das Schwergewicht, beim Geisteswettkampf
meist das Leichtgewicht. Ich schwanke noch.


Anorexe Skinnies (Idole schwuler Modezaren)
leben nicht länger als Fritten-Fatties und XXL-
Plumpers (Hassobjekte feiler Mediziner).


*Maschinenstürmer* : Produktionsschlachter.

Kleinkram passt in zehnbändige Werke,
das Universum nur in einen Satz.


Ich geh mit mir durch dick und dünn, mal platze ich
plötzlich, mal wieg ich negativ als reiner Poltergeist.


Geh deinen geraden Weg; krumme Dinger
macht das Leben schon selbst daraus.


In einer Religion sind alle frei und verschieden, in
einem Sportverein nur genormt und gleichgesinnt.


Der freie Wille, ob er will oder nicht, erfüllt nur sein
Schicksal und – das Schicksal des Schicksals selbst.


Feinste Nebenzweiglein locken vom Baumstamm
und Stammbaum weg ins Freie.


"Tui" : Read´n Write, Walk´n Talk, Pay´n Play.


*Agenda 2010.* War Kanzlerin *Merkel* in der CDU
so viel SPD wie möglich gewesen und Kanzler
*Schröder* in der SPD so viel CDU wie möglich?

Es gibt mehr als die Wahrheit : ein wahrhaft guter
Aphorismus. Das Atom als Stinkbombe.


Pornograph : Leidenschaftlhuber der *Datasexuals*.


*Sozial :* Unterdrückten drückt man ein Druckwerk,
Ausgebeuteten einen Beutel Bonbons in die Hand.


*Betriebsamkeit:* Geschäftigkeit von Geschäftsleuten,
die mehr geschafft als geschaffen haben oder sind.


Feuilletonist : seduktiver Zeitungspoet.
Dichter und Denker : Papierkriegsreporter.


*Durch(sc)hauen. Nietzsche* hatte zu wenige Maßstä-
be, *Karl Kraus* zu viele, um angemessen zu hassen.


Aphorismen schreiben Greise, um jünger zu werden
als in der Jugend.


Großmannssucht einer Zwergform : Aphorismen
sind Nichtig- und Wichtigtuer unter hohen Tieren.
Sagen sie mehr über den Autor als über die Leser?

*Christentum* : Es nützt dir, dem Guten zu nützen,
und schadet dir, dem Bösen zu schaden.


Eheliche Treugelöbnisse verdienen inzwischen
weniger Glauben als politische Wahlversprechen.


Entweder sind Politiker besser als ihr Ruf
oder nicht schlechter als ihre Wähler.


*Voltaire* nannte den Qoran eine hippokratische
Sammlung islamischer „Aphorismes de médecine".


*Aphoristiker*: Eigenbrötler, Einzelkämpfer, Paradies-
und Spaßvogel, egomanisches Original öffnet geist-
reiche Sichtweisen in wortarmen Kommandos,
überspitzt, überrumpelt, verkürzt und verrätselt.


Der Mensch ist nicht mehr *Freuds* „Prothesengott",
sondert produziert nur noch Thesen über Prothesen
für seine Prothesen und Antithesen.


*Etikette.* Jede Kaste steckt in ihrem Leierkasten
zwischen Bach und Krach, in ihrem Schmuck-
kästchen zwischen Eisenketten und Goldkettchen.

Zarathustras *Übermensch* ohne Überich ist der Un-
mensch, der Menschen zu Untermenschen macht.


*Sartre?* Menschliche Existenz erfindet ihr Wesen
und findet das Unwesen existierender Sachen.


*Husserls* „Wesensschau" auf Sinnbilder der Begriffe, auf Metaphern für Metaphysik, auf Gefühle hinter Gedanken beim Neophänomenologen *Schmitz*.


*Leibnizens* Monaden als atomare Urteilchen
seiner Differentialrechnung?


Mathematische Logik als *Jaspers'* „Chiffren der
Transzendenz", Hegels Logik als Ontotheologie?


*Wittgenstein* wollte seine frühromantischen Fragmente in formaler Logik verankern wie *Novalis*
die Musik und Lyrik in Mathematik.


Kants freier Wille der Vernunft über Fichtes Willkür
der Phantasie zu Sartres imaginärer Entschlusskraft:
*Hegels* Dialektik machte den Verstandesaufklärer
*Kant* zum Vernunftidealisten und den Phantasie-
Idealisten *Schlegel* zum frivolen Willkürverbrecher.

Man braucht Geist, um Physik zu verstehen,
aber kaum Physik, um den Geist zu verstehen.


Aphoristiker *Dr. Jean Paul* war wie *Hegel* zu viel
Klassiker, um *Schlegels* romantische Willkürakte
zu feiern und wie *Schlegel* zu viel formlos bizarrer
Romantiker, um Goethe und Schiller zu begeistern:
Der Schopenhaurianer spielte zwischen sentimenta-
ler Banalität, klassischer Erhabenheit, romantischer
Ironie, satirischer Lächerlichkeit und Idyllenhumor.


*Lewis Carolls* „Hunting of the Snark" ist beendet:
Der *Snark* ist der *Jabberwocky* ohne *Alice*.


Wer heute für niemanden schreibt wie ich, schreibt
übermorgen für jeden, anders als *Dichter & Denker*.


Gegen *Hegels* unaufhaltsam langsame Dampfwalze
der Geschichte zähle nur der Notschrei der Kreatur,
nicht die eitle Meinung jedes Individuums.


Die Welt als Drogerie. Wer zu dröge ist, braucht
Drogen; wer Drogen braucht, ist und wird krank.


Wer im Grünen ist, ist noch nicht im grünen Bereich

Alt ist der Plunder, neu stets das Wunder.


„Grün ist die Heide" noch hinter den Ohren und die
Hoffnung, bald wieder auf neue Hoffnungen hoffen
zu können. Beides ist dasselbe in Giftgrün.


Die *Jurte* ist das mobile Heim des Nomaden,
das Auto die Jurte des sesshaften Bürgers.


Schriftsteller sind die Logopäden der Legastheniker,
die in allen Lesern stecken, von Krankenkassen
nicht anerkannt.


Wollten und sollten die *grünen* Umweltser uns
von Anfang an nur aus den roten Socken hauen?


*Goldener Humor* ist, wenn man deshalb weint.


Es grient so kühn, wenn uns die „Grünen" blühen?


Gelber Neid auf blaue Säufer fasst einen
noch grünen Jungen, der nicht mehr rot wird.
Was ergibt Grasgrün plus Feuerrot?

Vor deinem Gewissen entschuldigst du dich,
vor deinem Ideal schämst du dich,
vor deinem Idol verneigst und versteigst du dich.


*Nonsens* hat den Sinn, den Unsinn der Sinnstifter
ganz sinnig stiften gehen zu lassen.


Der Wille zur Allmacht ist der ewige Größenwahn
von Nietzsches *Übermensch*, der Weltenschöpfer
selbst zu sein.


Brauchte der jahrhunderttausendalte Monotheismus
der Nomaden Kirchen, Sakramente und Theologien?


Seit etwa 10.000 Jahren gab es keine Kultur ohne
Sklavenarbeit. Von der Kultur ohne Sklavenarbeit
haben wir keine Schriftzeugnisse.


Auf erste *adlige* Moralisten folgten *bürgerliche*
in Europa, doch niemals *proletarische* von Rang.


Antihippokrates : Das Leben sei lang wie Lange-
weile, die Kunst sei kurz wie Aphorismen.
Axiologische Axiome : Philosophie zwischen
säkularen Aphorismen und religiösen Dogmen.

*Schopenhauers* „Aphorismen zur Lebensweisheit"
enthalten ungewöhnlich viele Essays, *Paul Valérys*
„Cahiers" ungewöhnlich viele Aphorismen.


Zugleich subjektive und objektive Einfälle
eines Autors sind die empirische Basis seiner
systematischen Aphorismustheorie.


Das Beste war stets ein nomadisches Naturvolk,
das Zweitbeste das *finsterste Mittelalter*,
das Drittbeste ein proletarischer Intellektueller.


Anti-Biotikt wird bis zu multiresistenten Keimen,
geimpft bis zur Impfresistenz von Supermutanten.


Anti-Covid als Covid forte? Von *Hegel* lernen:
Sind "Virenfresser" Tricks des Weltvirus, Super-
mutanten zu fördern, um sich als „Virenfresser"-
Fresser (Viralgourmet) auszubilden?


*Francis Bacon* : „Aphorisms of Solomon" 25, 21-22
contra Mt. 5, 43-44. – "Apophthegmata Patrum",
"Mischna Awot", "Apophthegmata Ebraeorum ac
Arabum", „Aphorimen Laotses" („Tao-te-king" laut
*Margolius*), "Aphorismen und Sentenzen des Kon-
fuz", „Adagia" als nachmetaphysische Maximen?

Demütig beuge ich mich meiner Eitelkeit,
um nicht stolz auf meine Demut zu sein.


Welche Autoren haben sich mit Antworten
unsere Aufmerksamkeit und Fragen verdient?


*Heraklit* 2000 : Polemischer Papierkrieg
ist der Doktorvater aller geistreichen Undinge.


Das armseligste Stück Erfahrung schlägt die reichste
Phantasie, doch wird von verzweifelter Hoffnung
reichlich besiegt.


Auf Reisen langweile ich mich zu Tode,
zuhause fliegt mein Kopf durchs Weltall.


„Autorintention" schlägt Leserintention?
Aphorismen wurden Opfer zu (str)enger
Definitionen von Literaturwissenschaftlern.


Philosophie und Aphoristik: Universelle Reflexions-
wissenschaft eines Uni-Profs und polemische
Reflexionskunst eines plebejischen Individuums.
(siehe *Henryk Elzenberg* : „Kummer mit dem Sein")

Am besten vergisst man auch noch seine Vergess-
lichkeit und verdrängt, dass man das Wichtigste
statt Nichtigste schon immer verdrängt hat.


„Geist" ist nur ein „Hauch",
der Sintfluten wie Maschinenstürmer treiben kann.


Das *Amen* hören Pfarrer und Priester erst
nach bestandenem Examen und nicht von Armen.


Mit seinem Schöpfer kann das freie Geschöpf
besser koexistieren als mit der ganzen Gesellschaft.


Die Menschen verdrängen weniger den Tod als
die Arbeit an wichtigen intellektuellen Feinheiten.


Nichts ist geselliger als das stille Kämmerlein,
nichts macht einsamer als die Gesellschaft. Was
der menschliche Mensch ist, ist er ohne Menschheit.


Hochzeitsweiß und Leichenweiß wie die Wand
ist oft die bunteste Summe aller Farbtöpfe.

## Vierwort-Drabble

Zentralheizung statt Kaminkehrer, Staatsschiff mit Raumschiff statt Lebensschifflein mit Kirchenschiff, Deko-nstruktion jeder Deko-Ration statt Art-Deco, Erleuchtungsturm zu Babel statt Leuchtturm zuhause? Ein Dampfer ist ein Segelschiff mit Volldampf in allen Gassen und richtet seine Richtung nach dem LED-Leuchtturm des Radars. *Oscar Wilde* wollte auf alles Lebensnotwendige verzichten, wenn er nur das Überflüssige im Überfluss hatte, und dieser Deco-Dandyismus hat sich inzwischen massenkonsumistisch demokratisiert. Nur der Elfenbeinturm ohne Kamin ist noch der Leuchtturm der Zukunft und lenkt kein kreuzgefährliches Traumschiff ins Dulce et decorum der industriellen Schmuckschnörkelei. Kurzum : Ein Schiff ohne Kaminfeuer ist ein Leuchtturm ohne dekoratives *Licht der Vernunft.*

Marlene Wollhase, Pieperitzky Honigpferd, Mafald-
chen von Kiekebusch, Traumelinde Apfelwein,
Trutlinde Dümpelfink, Eukalyptus Hinterhand,
Emerenzia Zierfuß, Esmeralda Wolkenfein,
Sesemi Weichbrods, Herzlinde Zuckerwald,
Syringia Apfelkraut, Eleutheria Buxenknopp,
Glühwürmchen mit Pfeffermäuschen, Isepub
Kaminski, Prepelina Butterfein, Zabedäus Zitterbein
mit Muffgesicht im Brummstübchen, seelische
Einmuffungsfähigkeit und Abstrahlungsqualität
des Mastenzausigs, rheumatische Dampfnebel-
schmerzen mit maligner Leberquetschverstauchung,
Dragomil Beuteldepp, Caldaunia Schwefelmost,
Stephanopoulos Knackmus, Fresenia Ginkelbader,
Tulipan Süßmelk, Zeferelli Schimmerfleisch,
Zirkonia Schmettermilz, Fiduzia Morchelgruber …


Wir freuen uns, Ihnen mitteilen zu können, dass
Ihnen, Mutter Ahntebbe, falls Sie nach Ihrem Ab-
leben einst vom Jüngsten Gericht freigesprochen
werden, ein Abonnement auf ewige Benutzung
einer paradiesischen Himmelswolke zugesprochen
ist zu Ihrem 34. Geburtstag, und zwar auf aus-
drücklichen Antrag und auf Fürbitte Ihres Lebens-
gefährten Heinrich Kaminski hin, genannt Vater
Butifyou. Das unbefristete Abonnement bezieht
sich auf Anmietung der vorgeheizten Wolke Nr.

1942 in der Milchstraße Nr. 34, gleich rechts vom
Kiosk "Zum Ewigen Atmi", bei der Auferstehung
kaum zu verfehlen, wenn Sie mit dem linken En-
gelsflügel beim Aufstieg immer tüchtig flattern
und mit dem rechten Zappelfinger gegensteuern.
Melden Sie sich mit diesem beglaubigten Schreiben bitte vertrauensvoll bei unserem zuständigen
Wolkenwart Isegrimrn Petrus, Hallelujagasse 0,
wenn es so weit sein wird dermaleinst. Er wird
Ihnen auch die himmlische Wolkenordnung aus-
händigen und den dann gültigen Wolkenfahrplan.
Die für Sie vorgemerkte Wolke CLOUDY 34 hat
eine komfortable Fläche von 100 qm, ist serien-
mäßig ausgestattet mit Regensensor und Farb-
regulator, ist wattedaunenleicht und bandscheiben-
freundlich geformt, in Geschwindigkeit und Höhe
stufenlos verstellbar und pflegeleicht ausgelegt.
Allerdings ist sie täglich mit CLOUDOCLEAN-
Soft zu schrubben, zu entmuffen und abzuregnen,
um den Harmi-Effekt noch lange genießen zu
können. Allerdings ist Ihre Eigentumswolke nicht
zappelentsichert, Runterfallen ist streng untersagt.
Die Höchstgeschwindigkeit beträgt 1 Atmi/Tag,
bei Schäden haftet unsere hauseigene Versicherung
*Eternity Corporation*. Mitzubringen sind nur
Zahnbürste, Kukident, Friedhofsnummer, Toten-
schein, Pucksiseife, Sonne und Mann im Herzen

und ein Paar Narkosestrümpfe gegen vorbeifliegende Grugu-Tauben und Raabraabs. Die zulässigen Besuchszeiten in der Hölle bei Traute Schmitz beschränken sich auf eine Stunde alle 34 Jahre. Für weitere Auskünfte stehen Ihnen unsere Engel stets zur Verfügung, jeden Sonntag kostenlose Rundflüge durchs Sonnensystem, Dickmelk immer kostenlos in unbeschränkter Menge verfügbar. Das Anlegen eines kleinen Tomatenbeetes auf Ihrer Wolke kann gestattet werden, falls mit den Erträgen kein Handel getrieben wird. Selbstverständlich ist Ihr vorbestelltes Luftschloss wohl gegen Einbrecher alarmgesichert, aber nicht gegen den Mann Ihrer Träume, der auf Ihre Wolke stets hinüberspringen darf. Pillen Marke Theogynon sind rezeptfrei erhältlich bei dem Himmlischen Liebesministerium. Dieses Abonnementanrecht erlischt automatisch, sobald Sie noch einmal versuchen, ein besserer Mensch zu werden, als Sie sind, sobald Sie Ihrem Wolkenuntermieter Heinrich Kaminski untreu werden und sobald Sie Ihr Gleichgewicht zwischen Ützigkeit und Albern verlieren. Wir wünschen Ihnen viel Freude an diesem Gratis-Abonnement. – Und warte auf mich!

Dass unser Weltvirus aus Laboren stammen könnte,
gilt als nicht widerlegt, und die alttestamentarischen
Speiseverbote umfassen auch Fledermaus und andere Hochverdächtige. Auch in Afrika gibt´s Christen,
welche die alttestamentarischen Ernährungstipps
bekanntlich leider nicht akzeptieren. Der strenge
Monotheismus macht andere Religionen eher zu
Mythologien. Sind wir Opfer von Aufklärungs-
mythen? Die atheistische "Aufklärung" hat allein im
20. Jahrhundert unendlich viel mehr Opfer gefordert
als die Religion in zwei Jahrtausenden. Aufklärung
über die "Aufklärung" tut immer noch not, und
Religion ist Mythenaufklärung, also Aufklärung
auch über die „Aufklärung“.

Natürlich waren die beiden erzsozialistischen Anti-
theismen des 20. Jahrhunderts nur konsequente Erben der Aufklärung des 18. Jahrhunderts und verstanden sich auch so, ob nun mit Berufung auf den
rechten Nietzsche oder den linken Marx.

Und die geschätzten weltweit 50 Mio. (!) Abtrei-
bungen pro Jahr, biblisch verstanden Massenmorde,
waren keine legalen Früchte des naturwissenschaft-
lichen „Aufklärichts“ samt feministischem "Mein
Bauch gehört mir"? Und virenfreundliche Kollekti-
vierungen gehören nicht gerade zum Kennzeichen
von Monotheisten, die nur Gemeinden bilden.

"Rücksichtslos simplifizieren" nicht deren Kritiker, sondern jene, welche die moralische Verantwortung für ihre Bereitstellung von hochindustriellen Massenmordinstrumenten rituell ableugnen. Bei neuen Gesetzen werden auch naturwissenschaftliche Irrlehren berücksichtigt und faktische Spekulationen, aber nur auf Profitmaximierung. **Eben nicht nur in der "Waffentechnik", sondern viel zu viele "Segnungen der Neuzeit" sind selber Waffen, die sich ideologisch als Lebenshilfen und Lebenserleichterungen verkaufen. Will man im Ernst ein missbrauchbares Küchenmesser mit Atomraketen oder rassistischen Gen-Scheren vergleichen? Es geht doch nicht gegen Entdecker und Erfinder, sondern um die angewachsene Verrohung und Verwilderung vor allem dieser etablierten MINT- und STEM-Wissenschaften. Irgendetwas "Nützliches" für irgendjemanden kommt nebenbei immer dabei heraus und muss zur Legitimation für jeden Horror und Terror herhalten.**

Natürlich fühlt der Forscher sich in einem verhätschelten Forschungslabor sicherer als unter "dunklen Gestalten" im Halbweltviertel, aber ich fühle mich nicht sicher vor diesen Forschern und ihren Geldgebern. Und natürlich fühlt dieser Forscher sich weder verroht noch verwildert, aber seine Forschung selbst ist so. Zur heutigen neorassistischen Genetik und Gentechnik empfiehlt sich die Lektüre von *Gilbert Chesterton*: "Eugenik und andere Übel" (1922, dt. Frankfurt/Main 2014).

MINT laboriert nur an selbstgeschaffenen Problemen : Parzifals Speer soll die Wunde heilen, die er selber schlug.

Die teure Kernfusionstechnik mit ihrem Versprechen unerschöpflich billiger Weltenergie begleitet schon mein ganzes langes Leben, ohne voranzukommen und ihr heißes Plasma auch nur lange genug aufrechterhalten zu können. Eine Luftnummer wie CERNs teure Suche nach neuesten Urteilchen? Alberne Kindereien auch auf meine unfreiwilligen Kosten.

Prognose : Bei der Kernfusion wird eher eine verbesserte H-Bombe herauskommen, oder man wird dabei nicht nur Wasserstoff zu Helium verbrennen, sondern schwerere Elemente zu noch schwereren verschmelzen : H-Bombe als bloßer Initialzünder für Hyperbomben … Das ist MINT mit verbesserter Bratpfanne als Abfallprodukt, das anders vermutlich nie erfunden worden wäre. Uranbombe zündet H-Bombe, H-Bombe zündet Hyperbombe Erde etc.

Was jeder große Stern oder jede Galaxie hinbekommt, unsere stabilen schweren Elemente auf Erden, das wird hier irgendwann auch irgendein ITER sicher bombig schaffen. Profitgeier missbrauchen nicht die STEM-Produkte, die selbst schon ein Missbrauch sind, weil sie alle schönen Fertigprodukte auf Erden nur zum bloßen Fertigungsmaterial für Verschlimmbessertes nutzen.

Zwischen *Silesius-Schefflers* epigrammatischem und meinem aphoristischen „Cherubinischen Wandersmann" liegt langes Nachdenken über die Religionen.

*Soziologie* : Was die Gesellschaft ist,
ist sie ohne und gegen jedes Individuum.

Sind Aphorismen Folgen, Surrogate, Quintessenzen oder *Spoiler* von Roman- und Philosophiewerken?

*Heidegger.* „Der Sinn des menschlichen Daseins" ist nicht „Sorge um sich selbst" in Besorgungen und Versorgung, sondern himmlische Sorglosigkeit; sein Wesen ist nicht „Angst vor dem „nichtenden Nichts" um sein „eigenstes Ganz-sein-können" und nicht „Vorlaufen zum Tode", sondern Freude an der Schöpfung, und die entschlossene „jemeinige Eigentlichkeit" nicht „Vorlaufen zum Tode", sondern mit all ihren Eigenschaften, Eignungen und Eigentümlichkeiten nur Eigentum des objektiven „Seyns". Sein *ist* nicht Zeit, sondern eher Ewigkeit, und die Lebenszeit bildet ihr unvollkommenes Abbild statt nur ein Werk der Einbildungskraft („Kant und das Wesen der Metaphysik", 1929). Dein Dasein ist „ekstatisch" nicht, weil es „horizontal" vergangen, geistesgegenwärtig und zugleich im Kommen ist, sondern eher ein vertikales Wesen, weil es vor Freude außer sich ist, also eher ausgelassen als nur gelassen. Die „Welt" ist nicht primär „zuhanden" oder nur noch „zum Begaffen vorhandenes" „Seiendes im Ganzen" von Handwerkszeugen und anderem Zeugs, sondern ein fertiges Gesamtkunstwerk, das ihr Meister für gut befand, bevor sein Ebenbild es dann zum bloßen Arbeitsmaterial und „Ge-stell" machte.

# Ressentimentgeladen neidische Multi-Kulturlose?

Wer hierzulande heutzutage von „Kulturimperialismus" tönt, dürfte weniger an französischen „Absolutismus" der europäischen Ruhmvergangenheit (oder an globalchinesischen KP-Kulturexport) denken als vielmehr an die US-amerikanische Vormachtstellung der alliierten Siegermächte seit dem Ende des Zweiten Weltkriegs, als das hiesige Kulturloch von der Jugend unseres Landes notdürftig und begierig mit Jazz, Wildwestfilmen, Pop, Comics und Coca Cola gestopft wurde. Unsere Landsleute fühlten sich von machtbesessenen Kulturkolonialisten erst aus Zion bedroht, nach der "bedingungslosen Kapitulation" dann aus New York. Bis heute will der Wolkenkratzer-Cowboy angeblich der ganzen Welt seine vermeintliche Multi-Kulturlosigkeit aufdrängen oder gar aufzwingen. Wieder drohe kulturelle „Überfremdung", erst durch hyperrationale Wüstennomaden und diesmal nun durch kulturarme Dollarbarbaren aus der Indianerprärie.

Deutschland ist ja nie so recht christianisiert und damit ankultiviert worden, sondern der Monotheismus ist in seiner dreifachen welthistorischen Spielart hier ewig eine bloß aufgezwungene Kulturtünche geblieben, die längst abgekratzt ist, um darunter wieder den alten germanischen Heiden aus den sächsischen Wäldern hervorzukehren, der viel lieber vorm Wohlstandsaltar seiner *Irminsul* und *Donar-Eiche* betet. Der Mönch *Bonifacius* hatte das Naturkind ebenso umsonst wie vergeblich zum Kulturwesen getauft. Und wenn überhaupt ein christlicher Kulturkolonialismus das „Heilige Römische Reich Deutscher Nation" beherrscht haben soll, von den Macht- und Wissenseliten bis ins gemeine Volk herab, dann war es weniger katholischer Universalismus samt traditioneller Sinnenlust, sondern eher „innerweltliche Askese" (Ursoziologe *Max Weber*) eines genussunfähigen protestantischen Arbeits- und Finanzkapitalismus seit der „Reformation" durch *Martin Luther*.

Luther schickte den frommen Bettelmönch in die profitable Fabrik. Dieser oft orthodox calvinistische „Kulturprotestantismus" war allerdings von Anfang an nationalistisch beschränkt gewesen auf deutsche Schutzfürsten, während die rivalisierende Konfession stets international und kosmopolitisch vernetzt blieb, was unter beiden totalitär atheistischen Sozialismen des 20. Jahrhunderts ein großer Vorteil war.

(Viel mehr gefestigte A(nti)theisten als gefestigte Christen fielen unter beiden Reichsdiktaturen ideologisch um, aber unter den Christen auch viel mehr Reformierte als Unreformierte.)

Wieviel Dämonischeres also schwappte über den Nordatlantik auf den „Westzipfel Asiens" herab als leichte bis seichte Popmusik, lässige Jeanskluft und *Hemingways* schwule He-Men-Idole? Natürlich hatten und haben wir Ureinwohner und Einheimische dieser kulturindustriellen Unflatflut nicht gerade eine unverwüstliche Affenliebe für Bach, Rembrandt, Goethe und Einstein entgegenzusetzen, sondern nur für Heidi, Bierhumpen und Fußballstadien, aber dass jeder McDonald-Fastfood-Shop „von jenseits des großen Teichs" laut Sozialwissenschaftler Wolfgang *Pohrt* eine Insel freundlicher Gastlichkeit und kulinarischer Geschmacksverfeinerung darstellt in einem heimischen Meer von faden Hausmannskost-Restaurants voll muffliger Bedienung, wird hier bis heute weder erkannt noch anerkannt.

*Uncle Sam* als präpotenter "Weltpolizist",
unverfrorener Demokratiekolonialist und
scheinheiliger Moralist der "Nation Buildings"?

Die US-amerikanische Demokratie hält zudem bereits seit einem Vierteljahrtausend trotz oft harter Strapazierung, ohne je abgeschafft zu werden, und wurde hart erkämpft gegen europäische Adelsdespotie, während die Formaldemokratie hierzulande von Besatzungsmächten aufgenötigt worden und nur erwünscht war, solange sie stetiges „Wirtschaftswunder" zu garantieren versprach. Seit es damit gelegentlich etwas hapert. steigen auch mit den traditionellen Politik- die hiesigen Demokratieverdrossenheiten. Seither sinkt der weltherrschaftlich erigierte moralische Zeigefinger der lebensfeindlichen Oberlehrernation kaum mehr. Ausgerechnet wir wollen nach zwei atheistisch imperialistischen „Revolutionen", die im weltkriegerischen Katzenjammer endeten, nun weiter der ganzen Welt vorsagen, was gut und rechtens und besser wäre?

Wenn eine Politik hochmoralisch, idealistisch und biblisch bis zur Ineffektivität gefestigt ist, dann die aus Washington, die es darum noch nicht zu idealisieren gilt. Aber die demokratische Kultur der USA zeigte, dass sie alle Belastungsproben überlebte; wir Berufsnörgler sind diese Testbeweise noch schuldig – nach zweimaligem Umfallen. Haben wir mehr anzubieten als einen begeisterten Kulturlosigkeitsimperialismus, obwohl unser Land doch vor

zwei Jahrhunderten einmal unanfechtbarer Kultur-
weltmeister gewesen war – lang, lang ist´s her?

Solange wir dort nicht wieder anknüpfen, beim
*Deutschen Idealismus* von Kant bis Hegel, bei der
"Kunstepoche" der deutschen Klassik wie auch bei
Lessings "Nathan", dürften wir stolz darauf sein,
eine Kulturkolonie der unverzichtbaren nordameri-
kanischen NATO-Schutzmacht zu sein, aber die
USA verlangten das niemals von uns, wie wir so
gern barmen und immer wieder zur nationalen Lan-
desverteidigung gegen die vorgebliche US-Weltein-
heitskultur aufrufen, aber beileibe nicht gegen Mos-
kaus uralten *eurasischen* Großreichskolonialismus.
Die USA üben ohne jeden Rachefeldzug weder mili-
tärische noch "strukturelle Gewalt" (*M. Foucault*)
gegen ihren wichtigen Verbündeten, der jedoch
leider oft lieber liebäugelt mit "russischen Seelen-
verwandten" als mit „Wallstreetkolonialisten".

Und natürlich wurde die Bundeswehr seit dem
Zusammenbruch der Ostblock-Diktaturen verteidi-
gungsunfähig gespart und müsste ohne Entrüstung
aufgerüstet werden, ja, unser Land muss seinen Bei-
trag zum Nordatlantikpakt deutlich erhöhen, statt
sich von der verachtet beneideten amerikanischen
Supermacht kostenlos schützen zu lassen gegen die

Widersacher mit ihrer "lupenreinen Demokratie" oder "Volksdemokratie".

Und wenn wir auch nur halb so viele Schwarzafrikaner im geliebten Vaterland hätten wie die USA, wäre hier die Demokratie längst wieder abgeschafft. Das sagt Erfahrung unseren Scheinheiligen.

$+ + +$

Mancher macht Schulden,
um sich zur Arbeit anzuspornen.

Philanthropen und Misanthropen
tragen die Masken voneinander.

Die Frage, ob *Kant* oder *Fichte* Recht hat, ist wohl die Frage, ob Vernunft gesetzlich oder subjektiv ist, reflexive Urteilskraft oder freie Einbildungskraft.

Holt Mutter Natur aus mir heraus, was ich
in Gottvater hineinbringen kann, oder umgekehrt?

## Die soziale Frage überlebte
## alle sozialistischen Antworten

Das 16. und 17. Jahrhundert heißt "Zeitalter der Entdeckungen und Eroberungen" : Ein ganz mathematisch-naturwissenschaftlich-technisch  führendes Europa eroberte die "Neue Welt", indem es gewaltsam das ganze wiederentdeckte Nord- und Südamerika kolonisierte und häufig im Namen christlicher Heidenmission ausplünderte wie dabei ganze Naturvölker ausrottete.

Das 18. Jahrhundert feierte die anti-christlichen Entdecker und Eroberer der "Aufklärung" über das "finsterste Mittelalter", und sogar noch das 20. Jahrhundert erkannte in Sigmund *Freud* den Konquistador eines neuen Erdteils, eines "Kontinents des Unbewussten".

Im 19. Jahrhundert aber entdeckte ein verarmter theoretischer Analytiker das "Gesetz der tendenziell fallenden Profitrate" samt anderen sozio-historischen Revolutionsgesetzen, eroberte im 20. Jahrhundert damit praktisch vom Schreibtisch aus fast ganz Europa und Asien und begründete eines der größten (und kurzlebigsten) Weltreiche der Geschichte. Im Namen der Arbeiterbefreiung aller Länder unterdrückten etwa sieben Jahrzehnte lang brutale Herrenmenschen unzählige Länder : Militärdiktaturen eines akademischen Proletariats im Bürgertum. Eine Theorie der Befreiung wurde praktische Unfreiheit. Sklavenhaltung im Namen der Sklavenbefreiung, das hatte es noch nicht gegeben in diesem Weltmaßstab : A(nti)theismus als "Opium des Volkes". Unterdrückung und Ausbeutung der Massen wurden optimiert im Namen ihres Gegenteils : Das ist materialistische Dialektik, auf den Kopf gestellter Hegel. Und siehe da : Hegel besiegte Marx spätestens um 1989.

Marx kannte sein eigenes Judentum wenig. Seine frühe Schrift "Zur Judenfrage" (1844) ist krasser Antikapitalismus als innerjüdischer Antisemitismus. Er hätte nur den "Tanach" lesen müssen, die Hebräische Bibel seiner Väter :

**Altes Testament** *(Tanach)*

Lev 21, 33 ff.
Lev 25, 8 – 31 (Erlassjahr gegen Schuldensklaverei)
Lev 25, 23 (nur Nutzungsrecht an Gottes Eigentum)
Lev 25, 36 – 37 (Zinsverbot)
Ex 1 – 15, (3, 7  : Sklavenbefreiung)
Ex 22, 24
Jes 5, 8 – 10
Jes 61, 1
Jes 65, 21 f.
Jer. 34, 8 ff.
1.Kön. 21
Am 2
Am 5, 11
Sirach 31, 5 – 7


**Neues Testament** *(Evangelium)*

Lk 4, 18 ff.  (messianisches Gnadenjahr)
Lk 18, 30
Lk 19, 8  („Zöllner"-Gleichnis)
Mt 5, 3 – 12  (Bergpredigt mit Seligpreisungen)
Mt 10, 9 ff.  (Besitzlosigkeit ohne Sicherheiten)
Mt 11, 2 – 15
Mt 25, 31 – 46
Mk 2, 23 – 28  (Sabbathrelativierung)
Mk 10, 21 ff.  (Reich Gottes ohne die Reichen)
Apg 2, 44  (Gütergemeinschaft in der Jerusalemer
Urgemeinde)
Apg 4, 32
Apg 11, 27 – 30  (Lastenausgleich, Güterverteilung)

Staatschristentum seit Kaiser *Konstantin* :

1100 : Pauperes Christi, Katharer, Waldenser
1200 : Bettelmönchsorden (Dominikaner *Thomas
von Aquin*, Franziskaner *Franz von Assisi*)
Minoriten
16. Jahrhundert : Bauernaufstände, *Thomas Müntzer*
Hutter (Wiedertäuferkommune, Gütergemeinschaft)
Engl. Diggers, Levellers
Quäker, Menoniten, Duchobolzen (russ.)
Moses Hess
*F. de Lamennais* (Naturrechtliche Sozialrevolution):
*Wilhelm Weitling* (ausgestoßen aus marxistischem
„Bund der Kommunisten", Christus als kommunis-
tischer Armenprophet : „Garantien der Harmonie",
1841)
*Walter Rauschenbusch* (Genossenschaftssozialismus
plus baptistischer Erlösungspietismus)
*Wilhelm Liebknecht* (sozialistische Demokratie)
Schweizer „Religiöser Sozialismus" *(Kutter, Ragaz)*
*Oscar Pfister* (freudianischer Psychoanalytiker)
*„Rotbarth"* („Chrisos" arbeiten dem Reich Gottes
sozialdemokratisch entgegen)
*Paul Tillich* (Christentum plus Sozialismus)
„Bekennende Kirche" (oft noch für „Führerstaat"
und 2. Weltkrieg)
*Walter Dirks* (linkskatholische „Frankfurter Hefte")

# Evangelium kompakt

–  Selig seid ihr Armen, denn das Reich Gottes ist euer. Selig seid ihr, die ihr hier hungert; denn ihr sollt satt werden. Selig seid ihr, die ihr hier weinet; denn ihr werdet lachen. (Lk 6, 20-21)

–

–  Selig sind die Sanftmütigen; denn sie werden das Erdreich besitzen. (Mt. 5,5)

–

–  Weh euch Reichen! denn ihr habt euren Trost dahin. (Lk 6, 24)

–

–  Und wenn ihr denen leihet, von denen ihr hoffet zu nehmen, was zum Dank habt ihr davon? Denn die Sünder leihen den Sündern auch, auf dass sie Gleiches wieder nehmen. Vielmehr liebet eure Feinde, tut wohl und leihet, wo ihr nichts dafür hoffet, so wird euer Lohn groß sein und ihr werdet Kinder des Allerhöchsten sein… (Lk 6, 34-35)

–

–  Niemand lebt davon, dass er viele Güter hat." (Lk. 12,15)

–

–  Sorget nicht um euer Leben, was ihr essen sollt, auch nicht um euren Leib, was ihr anziehen sollt … Sehet die Raben an: sie säen nicht, sie ernten auch nicht, sie haben auch keinen Keller noch Scheune, und Gott nährt sie doch. Wieviel mehr seid ihr als die Vögel! Sehet die Lilien auf dem Felde an, wie sie nicht spinnen noch weben: Ich sage euch aber, dass auch Salomo in all seiner Herrlichkeit nicht ist gekleidet gewesen wie deren eine ... Darum auch ihr, fraget nicht danach, was ihr essen oder was ihr trinken sollt, und macht euch keine Unruhe. Nach solchem allen trachten die Heiden in der Welt, aber euer Vater weiß wohl, dass ihr des bedürfet. Verkauft, was ihr habt, und gebt Almosen. Macht euch Beutel, die nicht veralten, einen Schatz, der nimmer abnimmt, im Himmel, wo kein Dieb zukommt und den keine Motten fressen. Denn wo euer Schatz ist, da wird auch euer Herz sein. (Lk 12, 22-34)

– Trachtet am ersten nach dem Reich Gottes und nach seiner Gerechtigkeit, so wird euch solches alles zufallen. (Mt 6, 33)
–

– Ich bin nicht gekommen, das Gesetz aufzuheben, sondern es zu erfüllen ... Es ist aber leichter, dass Himmel und Erde vergehen, als dass ein Tüpfelchen vom Gesetz (Gottes) falle. (Lk 16, 17)
–

– Es ist leichter, dass ein Kamel gehe durch ein Nadelöhr, als dass ein Reicher in das Königreich der Himmel komme." (Lk. 18, 25)
–

– Kein Knecht kann zwei Herren dienen ...
Ihr könnt nicht Gott dienen und dem Mammon.
(Lk 16, 13)

– Meinet ihr, dass ich gekommen bin, Frieden zu
bringen auf Erden? Ich aber sage euch : Nein, sondern Zwietracht (das Schwert)!
–

– Von da an wird das Evangelium vom Reich Gottes gepredigt, und jedermann drängt sich mit Gewalt
hinein. (Lk. 16,16)
–

– Gott kennt eure Herzen; denn was groß ist unter
den Menschen, das ist ein Gräuel vor Gott.
(Lk 16, 15)
–

– Verkaufe alles, was du hast und gib es den Armen, so wirst du einen Schatz im Himmel haben,
und komm, folge mir nach! ... Wie schwer kommen
die Reichen in das Reich Gottes. (Lk 18, 22-24)
–

Ihr verlasset Gottes Gesetz und haltet der Menschen
Satzungen. (Mk 7, 8)
–

– Viele aber werden die Letzten sein, die die Ersten sind, und die Ersten sein, die die Letzten sind.
(Mk 10, 31)
–

– Wer groß sein will unter euch, der sei euer Die-
ner; und wer unter euch will der Erste sein, der sei
aller Knecht. (Mk 10, 43-44)
–

Ich aber sage euch, dass ihr nicht widerstreben sollt
dem Übel. (Mt 5, 39)
–

- Und wie ihr wollt, dass euch die Leute tun sollen, so tut ihnen auch.
(Lk. 6, 31)
-

- So jemand zu mir kommt und hasset nicht seinen Vater, Mutter, Weib, Kinder, Brüder, Schwestern, auch dazu sein eigenes Leben, der kann nicht mein Jünger sein.  (Lk. 14, 26)
-

- Hütet euch aber, dass eure Herzen nicht beschwert werden mit Fressen und Saufen und mit Sorgen der Nahrung und dieser Tag nicht schnell über euch komme wie ein Fallstrick; denn er wird unversehens hereinbrechen über alle, die auf Erden wohnen. (Lk 21, 34-35)

**Fritz H. Lotterfuchs** *(Gastbeitrag)*

## *Aus dem Libellenzyklus* Bernsteinlicht (1962)

Sieh, die Libellen : Was
ist ihres, gehört ihnen ganz?
Sind sie nicht noch in dem Glas,
in der Blumen gläsernem Glanz?
Eilen sie nicht, wo sie wandern
von einer Blüte zur andern,
einen Anschein abzutun,
als gehörten sie irgendwohin?

In jedem zitternden Ruh´n
zerrt einer Wende Beginn:
An der Treue Verrat ist nun
einmal ihr göttlicher Sinn.
Wie kennen sie menschlich berühren!
Plötzlich verweilen sie bang
- wessen Trägsein mag führen? -
Eine Sekunde zu lang:

Oh, wie wir sie da noch verstehen,
wo sie nicht zuckend vergehen!
Grazileres Gegengewicht
zum schauüberschwerten Gesicht,
ist ihr Leib ein exotischer Dorn.
Aber wessen zu eiliger Zorn
vertreibt sie aus jedem Erreichen
in ein Nirgendwohinentweichen?


Ihre Bläue erruft, übertäubt
in blutenden Fluten die Sonne,
wie sie, versehnend in Wonne,
die Blüte mit All bestäubt.
Nirgends sind sie, überall.
Wieviel, ach, zählen die Wellen,
ein Raum, ein Meer, ein Schall;
wo sie waren, das sind sie : Libellen.
Wo nicht können sie hin?


Künste, die kommenden, schnellen
sind ihrem Wesen Gewinn.
Wir, ihre Jäger, sind Zeugen
der tausend Rosen zumal,
die wir zugleich eräugen

im tiefen Libellental.
Auf grüne Tiere ihrer Wahl
fällt ein großer blauer Blick;
Endlich unendliches Glück,
von totem Umfangen gerührt.

Und hat eine Rose sie dennoch verführt,
länger zu währen, als nötig wäre,
falternden Duft gerahmter zu betten,
schickt, vor dem Schicksal der Rosen zu retten,
dornengekrönt ein Gott sie zurück,
zurück in die Flügel, Libellengeschick,
verzaubert zum Stehen missbraucht
vor eitel verströmender Rose,
nervöse Lüfte in lose
Erinnern entgegengehaucht.

Da wendet der Gott seine ganze
Stärke an fallendes Blau,
Lucretius wirft seine Lanze
ungefähr rosengenau.
Ohne Dauer die Leere
zerfällt in das Imaginäre.

Und sieh, ist der trunkene Sporn
nicht dieser Wurf aus der Welt,
das silbern zentaurische Horn
aus der Galaxis geschnellt?
Die Rosen rauschen so irre,
die Mädchen sind so blass,
elfmal entwarf sich ein Hass
gegen maskene Fanggeschirre.
Dann übertreibt sich die Länge,
wo sie die Bläue zerstückt,
in die unendliche Strenge,
den schönen Entzug, der entzückt.

Ach, ihr Schrankenlosen,
ihr, von allem, Abschied,
euer Sirren sei mein Lied,
sollt´ ich sterben an den Rosen.
Keine Rose mehr erfindet
eine Zärtlichkeit, die nicht
sich in zartere Wasser bindet,
moduliert von schwirrendem Licht.
Des Herzens scheidende Schläge
lösen selbst Rosen nicht auf,
sie pflastern nicht unsere Wege,
sie dienen nicht Füßen zum Lauf.

An euch, Unendliche, was
sich eigensinnig findet,
Panzerblau und Flügelglas,
homerisch unendlich erblindet.

Wie, wie nur seid ihr so Große,
wie alles zusammen nicht wäre –
und jede erträgt doch im Schoße,
auf dass sie mit Schmerzen gebäre,
quer zu den Stielen der Schwere
eine blaue unendliche Leere.
Ich liebe das leisere Leben …

## Vor dem Gewitter

Sie lassen Leeres, das sie erfüllen,
geschonter als wir, die Erleger, zurück;
wo uns die Fernen verdrängter verhüllen,
halten sie Glück im Libellenblick.

Pflügelnder Flügel die Zeiten
zerlegen die Krume der Räume,
silberne Spaten bereiten
den Blumen Nuancenträume.

In schwirrendem Blau übernachtet der Blüten
wörtliche Sehnsucht nach dünnerer Luft,
wo sie Unmöglichkeit vergüten
mit, endlich erfroren, naslosem Duft.

Kühlend sammelt ihr schütterer Flug,
der im Atmen gestillter das Blühen verändert,
aus überfüllter Natur den verwesenden Auszug,
mit summender Drohung zärtlich gerändert.

Wurzeln die Rosen der See in Libellen,
in richtige Richtung, ihr tieferes Dunkel,
vergläsern blau die duftenden Wellen
hoch vollauf in der Himmel Gefunkel.

**Penthesilea**


Wer war schon ganz aus Leid gemacht?
Aber Leben steht im Flug.
Vor Zeiten hab auch ich gedacht,
Heiles Leben sei ein Krug,

Den ich bis oben füllen müsste,
Dass das Viele, was noch käme,
Nicht vor diesem Schweren wüsste,
Wo es einen Zugang nähme.

Und wäre auch Einer, der
Vermöchte nichts als Alles sein,
Er bliebe doch ein Wanderer
Und ließe Zeit herein.

## Nikolai-Kirche in Kiel


Wehes Schau´n aus schlanken
Madonnenaugen malt
Noch immer alle Ranken,
In denen ihr Vergessen prahlt,

Manchmal stand in ihren Ohren
Kaum geglaubte Gnade auf.
Niemand hatte die verloren,
Doch sie kreuzten ihren Lauf.

Durch der Kathedralen Mund
Fuhr sie ohne Warnung ein,
Machte die Madonnen wund
Und trieb sie in ihr Sein.

**Einige polnische Aphoristiker neben *St. Lec***


Das Schwierigste ist immer, nach oben zu sinken.

Bei uns lässt sich nicht einmal die Vergangenheit
richtig vorhersehen.

Die Uhr der Geschichte schlägt manchmal blind zu.

Sind nicht Viren das kleinste Übel?

Lebende Denkmäler stützen sich gern
auf lebende Sockel.                    *(Jacek Wojrosch)*

Ethik ist die Lehre vom Mut zum Sein.

Das Ziel des Lebens? In seiner kleinen individuellen
Seele möglichst viel vom Kosmos wiederzuspiegeln

Nur fürs religiöse Erlebnis ist der Tod ebenso gutes
Material wie das Laben.
                    *(Henryk Elzenberg, 1882-1967)*


Dummheit – auch eine Art,
den Verstand zu gebrauchen.

In der Politik werden, statt dass gespielt wird,
immer nur die Karten gemischt.

Sich in die eigene Herostratosphäre erheben.


Zur Belohnung für gute Taten bekam er –
nur die Kehrseiten der Medaillen.


F. – ein Entdecker; wohin er tritt schreit er:
Land! Land!            *(Karol Irzykowski, 1873-1944)*


Am treuesten ist der Hund,
auf den der Mensch kommt.


Bekannter : ein Mensch, den wir gut genug kennen,
um etwas von ihm zu borgen, aber nicht gut genug,
ihm etwas zu borgen.


Gesicht: das, was um die Nase herum gewachsen ist.


Takt : der unausgesprochene Teil unserer Gedanken.


Honi soit qui mal y danse.
                    *(Julian Tuwim, 1894-1953)*


Kapitalistische ´Justitia´ ist blind, aber nicht taub
für das Rascheln von Banknoten.


Wenn ich hier meine Meinung äußern darf,
so hat bereits *Lenin* gesagt …


„Kopf hoch, ich schieße.“

Faustrecht? Wenn das Recht die Faust ballt.

Lies nicht laut zwischen den Zeilen.

Es kommt vor, dass Gedanken, die den Kopf verlas-
sen haben, nirgendwo mehr Unterkommen finden.

Immer Recht haben, ist eine gesellschaftliche Takt-
losigkeit.                    *(Wieslaw Brudzinsky, 1920-1996)*

Von nun an wird niemand mehr vergessen –
alle werden in die Statistik eingehen.

Manchmal ist es leichter, den Geldbeutel
als Konsequenzen zu ziehen.

Wenn einer in die eine Hand kriegt,
muss der demütig auch die andere hinhalten?

Für viele Individualisten ist die letzte Reise
der erste wirklich eigene Weg.

Manche Märchen sind grausamer als das Leben;
aber auch das Leben kann märchenhaft sein.

Zeig die Zähne nicht erst,
wenn sie dir ausgeschlagen sind.

In schwierigen Zeiten lebt man immer im Interesse
der kommenden Geschlechter.
                    *(Jacek Wojrosch, geb. 1929)*

Tod : Welt minus Individuum.

Welt : Selbstverteidigung Gottes gegen das Nichts.

Praktische Entsprechung der Begriffe : Brauchtum.

Liliputaner imponieren mir nicht.
Ich sah schon größere.

Dichter : rufende Schlafwandler.
*(Stefan Napierski, 1899-1944)*

Der Mensch ist seines Glückes Schmied.
Vielleicht befinden wir uns deshalb so oft
zwischen Hammer und Amboss.

Am Anfang war das Chaos. Am Anfang?

Wenn man dich auf die eine Backe schlägt,
halt auch die andere hin. Damit beide
gleichmäßig anschwellen.          *(Safrin, 1973)*

Mit Hass kommt man nicht weit. Nur zu weit.

Wenn du die Menschheit erlösen willst,
spuck nicht auf die Konkurrenz.

Politik kennt nur einen gerade Weg: den krummen.
*(Kasimierz Przerwa-Tetmajer, 1865-1940)*

### *Adolf Nowacynski   (1896 - 1944)*

Ein Satiriker ist ein Irrer,
der den Elefanten Mausefallen stellt.

Von allen Haustieren hat der Hund
die geringste Menschenkenntnis.

Auch einem entschlossenen Narren
kann man mit Verstand imponieren,
wenn man ihn nur ausreden lässt.

Um eine Wahrheit zu beweisen,
braucht man 7 - 700 Lügen.

Man glaubt immer, dass jemand mehr Geheimnis-
se zu verbergen hätte als seine eigene Ignoranz.

Nicht der ist arm, dem sich keinen Jugendtraum erfüllt
hat, sondern der schon in der Jugend gar nichts träumte.

Verzeihen ist die wirksamste Rache.

Gute Erziehung : Einmalige Warnung vor der Lüge
schlechthin und jeweilige Warnung vor jeder Wahrheit.

Tiefe Nachdenklichkeit lässt sich bei normalen
Menschen beobachten beim Studium der Speisekarte.

Zu oft loben wir gute Schriftsteller,
um selber schlecht schreiben zu dürfen.

# Philosophische Grundbibliothek

Chuang-tsi: „Das wahre Buch vom südlichen Blütenland"

L. Annaeus Seneca : „Briefe an Lucilius"

Michel de Montaigne : „Essais"

Imm. Kant : „Grundlegung zur Metaphysik der Sitten"

S. Maimon : „Versuch einer neuen Logik … " (1794)

G. Fr. Hegel : „Phänomenologie des Geistes" / „Ästhetik"

Arthur Schopenhauer : „Aphorismen zur Lebensweisheit"

Friedrich Nietzsche : „Menschliches, Allzumenschliches"

Nicolai Hartmann : „Das Problem des geistigen Seins"

Hedwig Conrad-Martius : „Der Selbstaufbau der Natur"

Th. Adorno : „Minima moralia" / „Ästhetische Theorie"

Jean-Paul Sartre : „Der Idiot der Familie"

Hermann Schmitz : „Der unerschöpfliche Gegenstand" /
                „Der Weg der europäischen Philosophie"

I.M. Bochenski / A. Menne : „Grundriss der Logistik"

Hans Blumenberg : „Wirklichkeiten, in denen wir leben",
                „Die Vollzähligkeit der Sterne"

## Übersicht zum Gesamtwerk

Zwischen **Unterschicht**-Herkunft („Herren tut es leid, Knechten tut es weh") und religiösem **Himmelhoch** („Der Ewige und sein Urprojekt", „Neuer Cherubinischer Wandersmann") hier die drei Säulen eines lebenslangen Schreibprojekts:

1. *Tiefenpsychologie der Philosophie* („Wenn die Seele auf den Geist geht", „Heideggers philosophischer Eros")

2. *Satiren* (Essay- und Aphorismenbände)

3. *Idyllen* („Aufsätze zur logischen Form", „Zur Dialektik und Phänomenologie der Natur- und Kulturidyllen" und „Glückliche Idyllen kontemplativen Lebens im Elfenbeinturm")

   *Karl Poppers* „Drei Welten" : (Idyllische) Physis, (kritische) Ideen und (philosophische) Psyche.

# Sekundärliteratur zum Aphorismus


*Gerhard Neumann (Hg.):* „Der Aphorismus.
Zur Geschichte, zu den Formen und Möglichkeiten
einer literarischen Gattung", Darmstadt 1976

„Ideenparadiese. Untersuchungen zur Aphoristik
von Lichtenberg, Novalis, Friedrich Schlegel und
Goethe", München 1976

*Peter Krupka:* „Der polnische Aphorismus",
München 1976

*Hans Peter Balmer;* „Philosophie der menschlichen
Dinge. Die europäische Moralistik", Bern 1981

*Harald Fricke:* „Aphorismus", Stuttgart 1984

*Gisela Febel:* „Aphoristik in Deutschland und
Frankreich", Frankfurt/Main 1985

*Klaus von Welser:* "Die Sprache des Aphorismus",
Frankfurt/M. 1986

*Heinz Krüger:* „Über den Aphorismus
als philosophische Form", Frankfurt/M. 1988

*Werner Helmich:* „Der moderne französische
Aphorismus", Tübingen 1991

*Stefan Fedler:* „Der Aphorismus. Begriffsspiel zwischen Philosophie und Poesie", Stuttgart 1992

*Paul Geyer / Roland Hagenbüchle:* „Das Paradox", Tübingen 1992, Würzburg 2002²

*Thomas Stölzel:* „Rohe und polierte Gedanken. Studien zur Wirkungsweise aphoristischer Texte", Freiburg 1998

*Lada Lubimova:* „Struktur und Funktion des Aphorismus : eine textlinguistische Studie", Bremen 1998

*Robert Zimmer:* „Die europäischen Moralisten", Hamburg 1999

*Michael Esders:* „Begriffs-Gesten. Philosophie als Kurze Prosa von Friedrich Schlegel bis Adorno", Frankfurt/Main 2000

*Rüdiger Zymner:* „Aphorismus", In: Kleine literarische Formen in Einzeldarstellungen, Stuttgart 2002

*Friedemann Spicker:* „Kurze Geschichte des deutschen Aphorismus", Tübingen 2007

„Die Welt ist voller Sprüche. Große Aphoristiker im Porträt", Bochum 2010

*Rolf Friedrich Schuett* : „Aphorismus – Philosophischer Gehalt in literarischer Gestalt", 2019